構成力をのばす
パターンブロック
タスクカード

東洋館出版社

保護者の皆様へ

　箱に入ったパターンブロックを、幼稚園・保育園・幼児教室の子どもたちに紹介し、「きょうはこれで遊びましょう」とはたらきかけると、子どもたちは夢中でパターンブロック遊びに取り組みます。手に取った6種類の木製ブロックを組み合わせて並べ、「ウサギさんができたよ」「お城ができた」「大きい星ができた」「きれいな模様ができた」あちらこちらで「できた！」「できた！」の大合唱となります。中には、平面的な構成遊びではなく、上へ上へと高く積み上げて遊ぶ子どもたちもいます。崩れるか、崩れないかの限界までのスリルを楽しんでいる子どももいます。どの子も時間が経つのを忘れて、遊びに集中しています。

　ぜひ、保護者の皆様も子どもと一緒にパターンブロックを楽しんで下さい。子どもの豊かな感性・発想力・想像力に驚き、子どものことがさらに好きになることと思います。

　パターンブロックは、きれいな色・操作しやすい大きさ・親しみやすい木の触感など、子どもたちを夢中にさせる魅力にあふれた木製ブロック教具です。このブロック教具を組み合わせ、構成していくと、実にさまざまな形が表現でき、子どもから大人まで楽しんで取り組めます。

　本書では、ステップ1の形の枠に合わせてブロックを置くレベルから、ステップ5の立体的に積み上げて、タワーを作るレベルまでの「遊びのヒント」を集めました。

　本書が、子どもたちの構成力・集中力・手先の巧緻性・空間認識力などを育て、小学校の算数の学習内容につながる基礎的な体験学習の一助になれば幸いです。

●本書の特長

❶ 幼児から小学校低学年を対象に、親子で楽しめる課題を集め、編集しました。

❷ すべての課題が以下のパターンブロック6種類・50ピースを使って構成できます。また、本書ではそれぞれのブロックを「　」内の名前で呼びます。

- ➡「正六角形」…5個
- ➡「台形」…10個
- ➡「菱形」…10個
- ➡「正方形」…5個
- ➡「正三角形」…10個
- ➡「細い菱形」…10個

❸ 課題をテーマ別にステップ（1～5）で示し、無理なく構成遊びをレベルアップさせ、理解が深まる仕組みになっています。課題には、各ステップ別に難易度を表示しました。

- 難易度1…基本問題
- 難易度2…応用問題
- 難易度3…発展問題

❹ 解答には、「解答」と「解答例」があります。「解答例」では、正解となる複数のブロックの置き方があるうちの1例を示しました。

構成力をのばすパターンブロックタスクカード
もくじ

■保護者の皆様へ ……………………………………………… 1
　●本書の特長

■もくじ ……………………………………………………… 2

■ステップ1 ………………………………………………… 3
　●形の枠に合わせて、パターンブロックを置く課題

■ステップ2 ………………………………………………… 17
　●置き方やブロックの種類を替えて、いろいろな形を作る課題

■ステップ3 ………………………………………………… 35
　●指定された種類と数のブロックを使い、いろいろな形を作る課題

■ステップ4 ………………………………………………… 47
　●指定された種類と数のブロックを使い、枠だけ描かれた形を作る課題

■ステップ5 ………………………………………………… 59
　●ブロックを立体的に積み上げて、描かれた形を作る課題

■解答 ……………………………………………………… 71

ステップ1

かたちの わくに あわせて パターンブロックを おいてみよう。
あらふしぎ。ブロックが どうぶつや さかなの かたちに みえてきた。

ステップ1の うしろのほうには じぶんで ブロックの おきかたを
かんがえる もんだいも あるよ。
したに かかれた しゅるいと かずの ブロックを つかって つくってみよう。

なまえ

なにが できるかな。かたちの わくに あわせて ブロックを おきましょう。

ステップ1

おにぎり 　いちご 　マグカップ 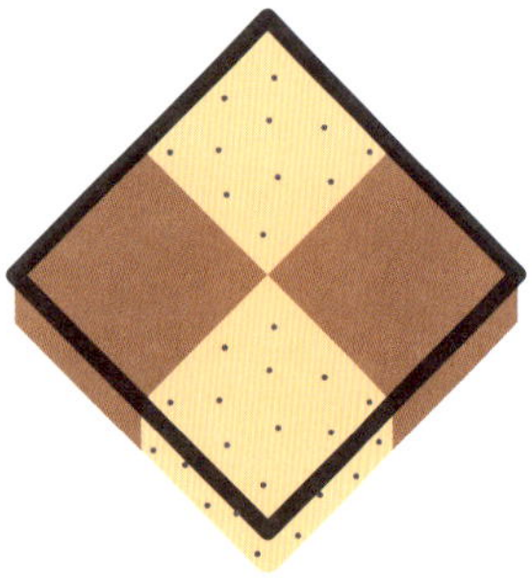　クッキー

ひしもち 　うま

あかいやねのいえ 　ヨット 　でんきスタンド

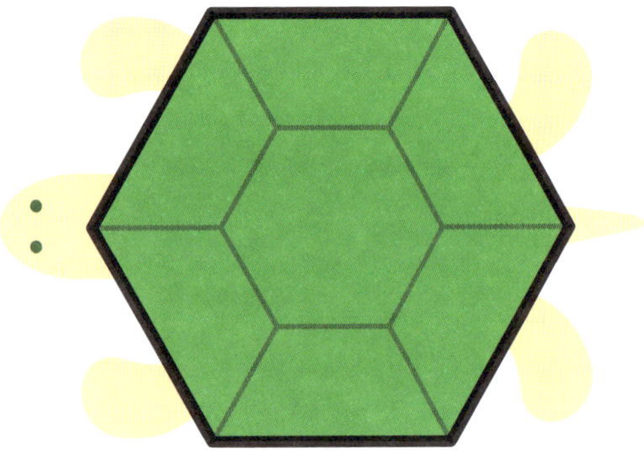

かめ 　とんぼ

どうぶつたちが ボートに のっているよ。 いろいろな ボートを つくりましょう。

ステップ1

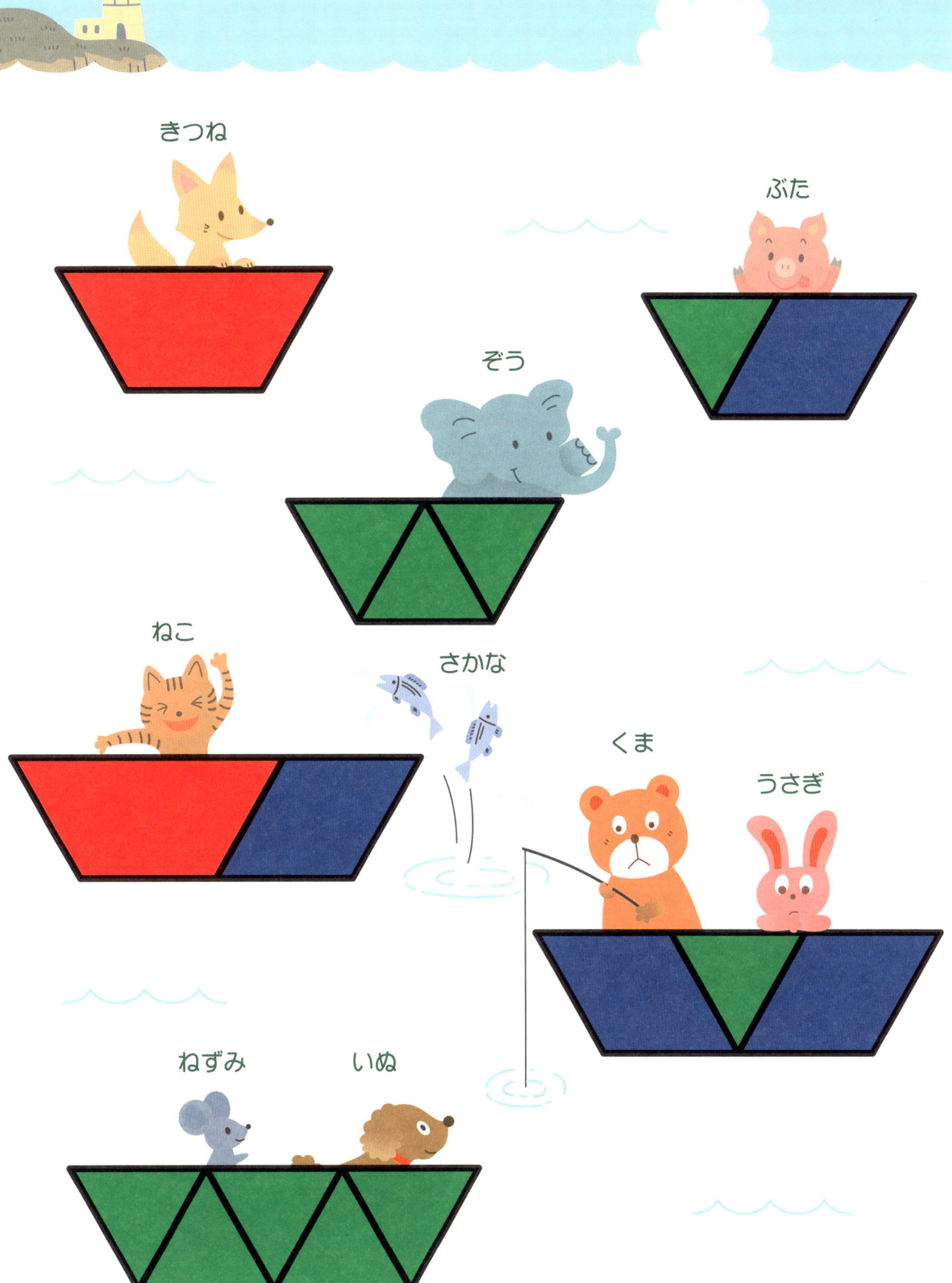

なまえ _____

なにが できるかな。かたちの わくに あわせて ブロックを おきましょう。　ステップ1

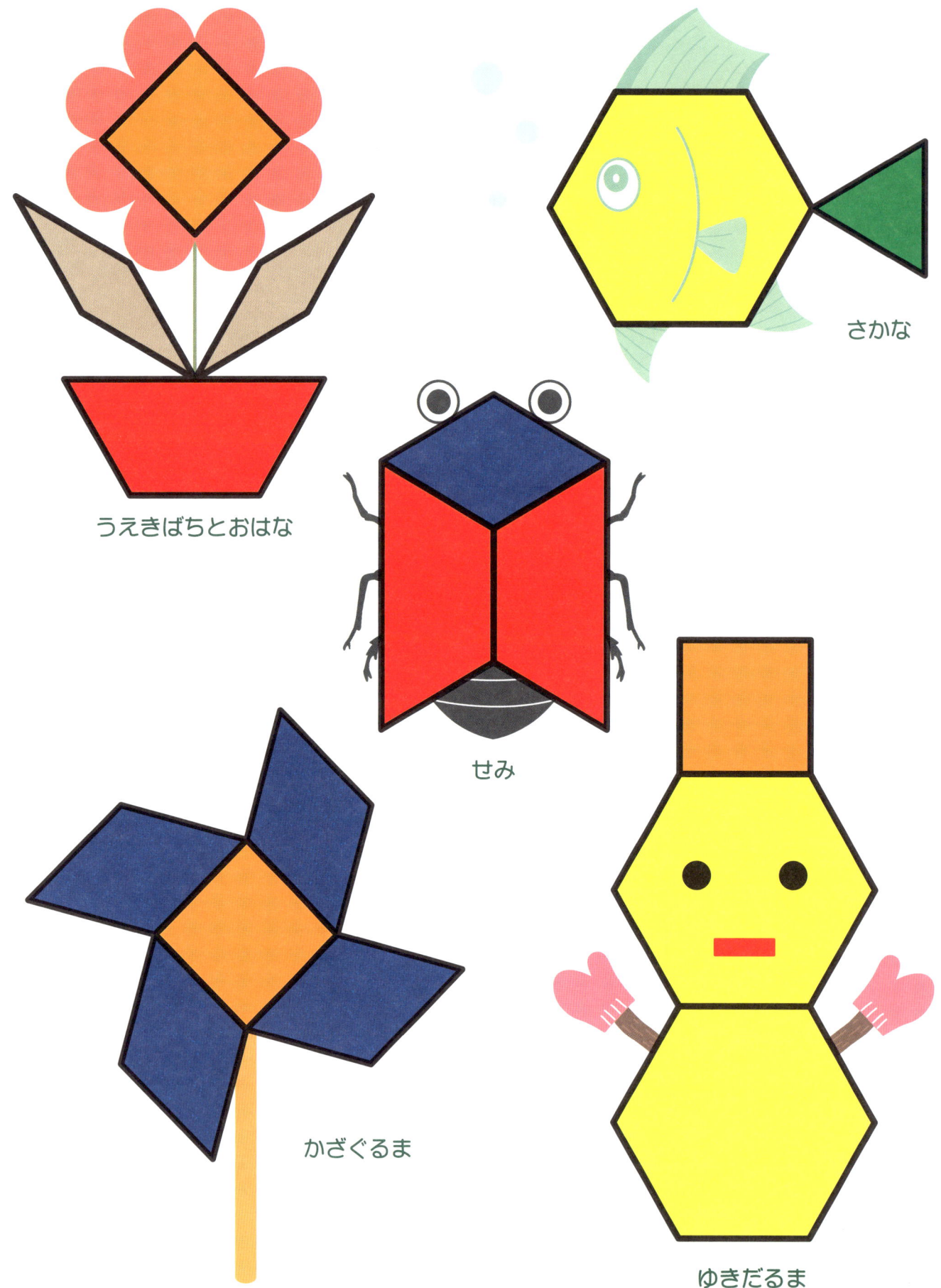

なまえ

すずめと いえを つくりましょう。　　ステップ1

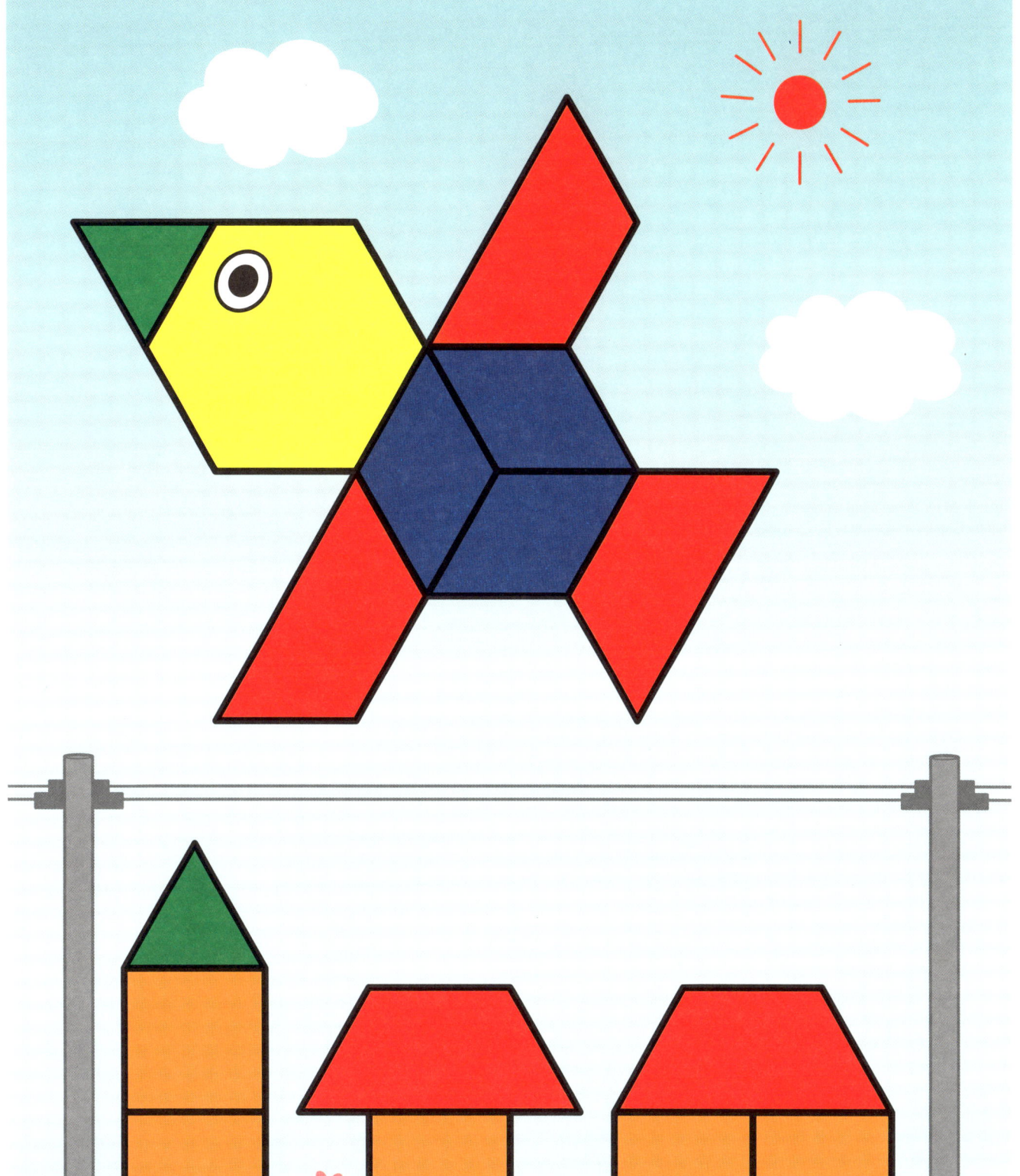

ステップ1

ぼくらのヒーロー　ブロックマンを　つくりましょう。

つかう　ブロックの　しゅるいと　かず

△ 0　□ 0　◇ 8　◇ 6　▱ 5　⬡ 1

なまえ

ライオンの おとうさんと おかあさんを つくりましょう。

ステップ1

つかう ブロックの しゅるいと かず

△ 0　■ 3　◇ 4　◆ 5　▰ 2　⬡ 3

	なまえ	
うみの なかを 3びきの さかなが およいでいるよ。3びきの さかなを つくりましょう。		ステップ1

つかう ブロックの しゅるいと かず

△6　□0　◇6　◆6　▱3　⬡2

なまえ

コアラが　きのぼりを　しているよ。コアラを　つくりましょう。

ステップ1

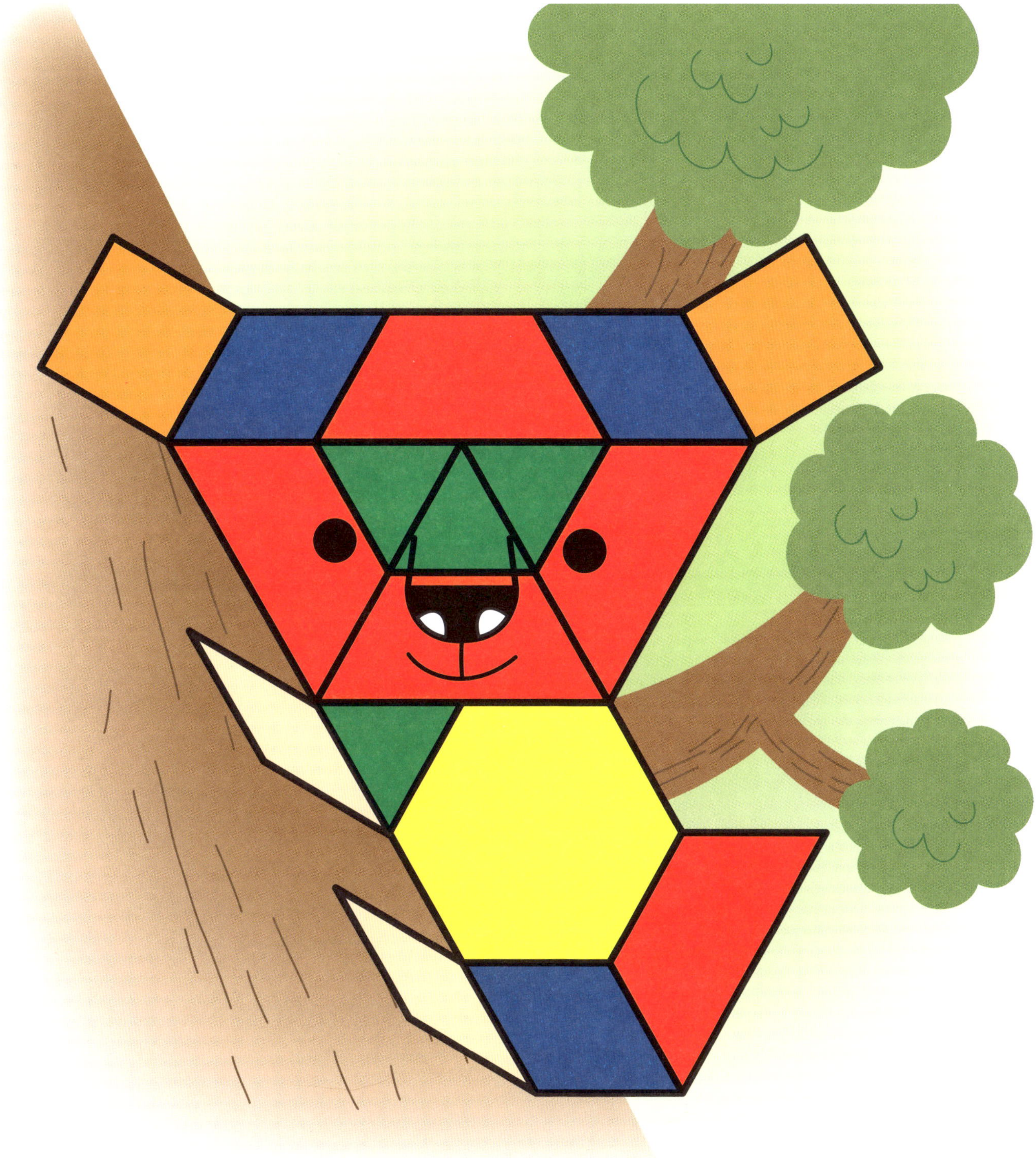

つかう　ブロックの　しゅるいと　かず

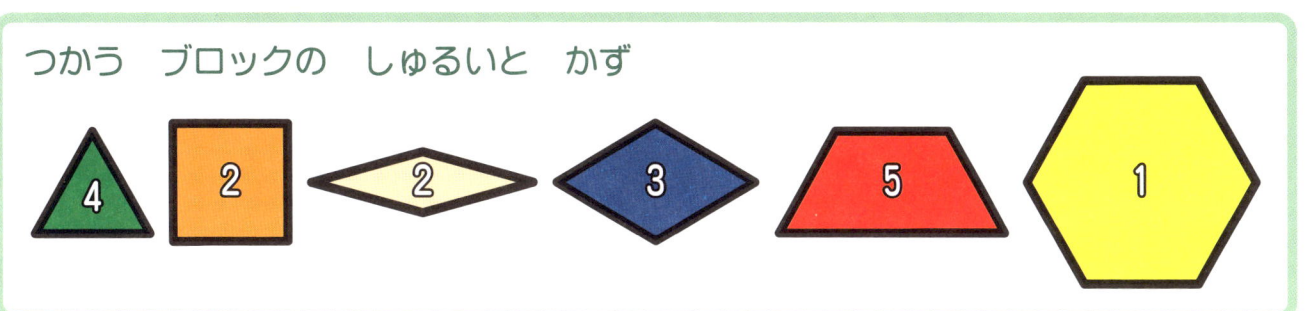

なまえ

かたちの わくが とちゅうで きえています。おきかたを かんがえて フクロウを つくりましょう。

ステップ1

♪ホッホー ホッホー

つかう ブロックの しゅるいと かず

なまえ

ブロックの かたちの わくが とちゅうで きえています。おきかたを かんがえて ふたこぶラクダを つくりましょう。

ステップ1

つかう ブロックの しゅるいと かず

なまえ _____

ブロックの かたちの わくが とちゅうで きえています。おきかたを かんがえて クリスマスツリーを つくりましょう。

ステップ1

つかう ブロックの しゅるいと かず

なまえ

ブロックの かたちの わくが とちゅうで きえています。おきかたを かんがえて やかんを つくりましょう。

ステップ1

つかう ブロックの しゅるいと かず

なまえ _____

ブロックの かたちの わくが とちゅうで きえています。おきかたを かんがえて おさんぽネコさんを つくりましょう。

ステップ1

つかう ブロックの しゅるいと かず

ステップ2

おなじ かたちでも いろいろな つくりかたが あるよ。

おきかたや ブロックの しゅるいを かえて いろいろな かたちを つくってみよう。

かたちの よびかたも おぼえてね。

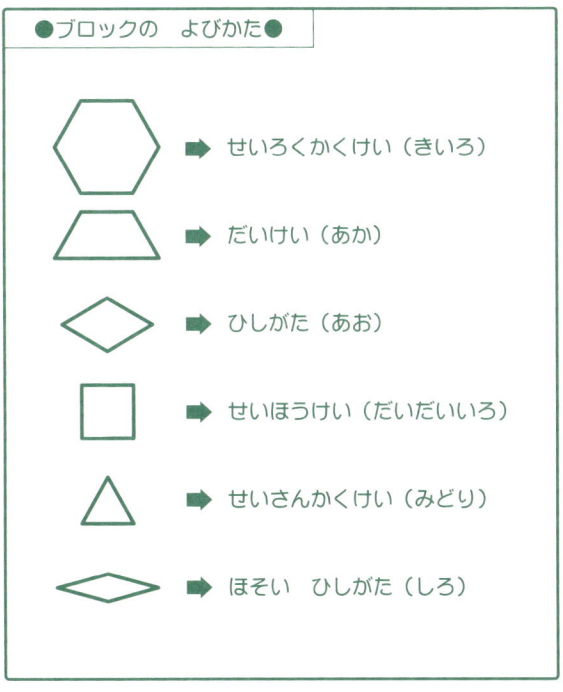

なまえ _____

7つの　せいさんかくけいを　つくりましょう。

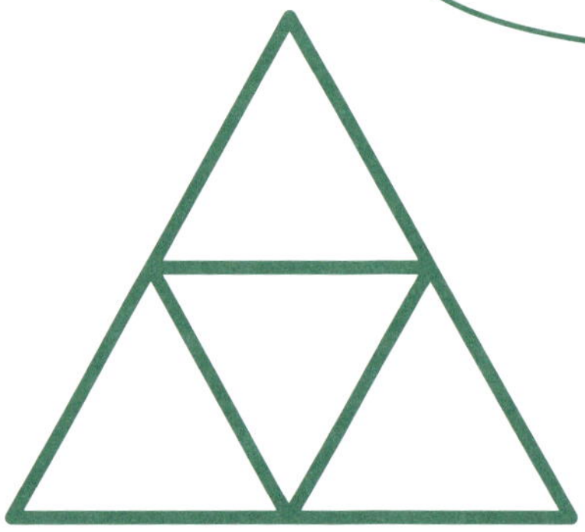

ステップ2

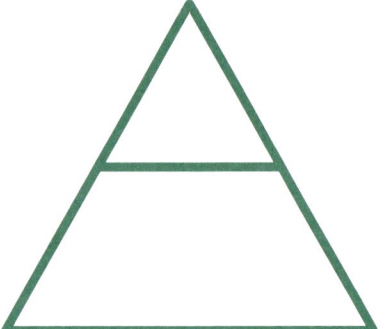  

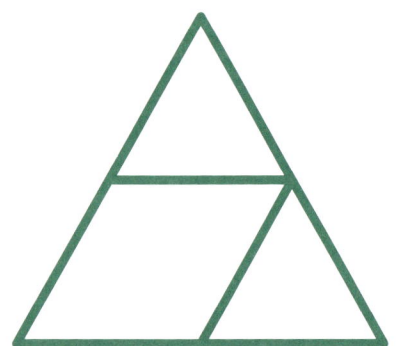  

せいさんかくけいの　ブロックが　4つでも　せいさんかくけいが　できるね。

なまえ

9つの せいろくかくけいを つくりましょう。

ステップ2

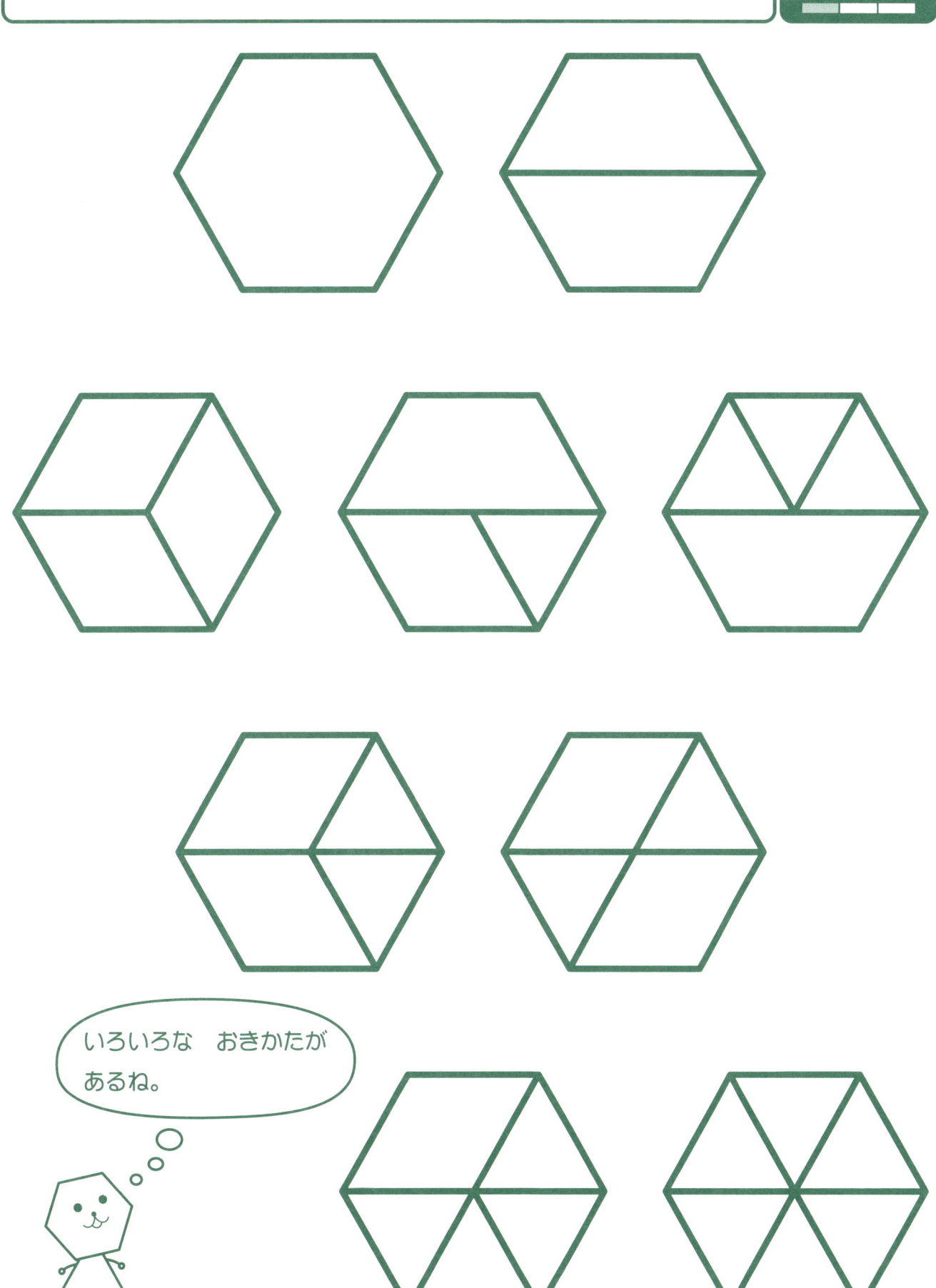

いろいろな おきかたが あるね。

なまえ _____

8つの ひしがたを つくりましょう。

ステップ2

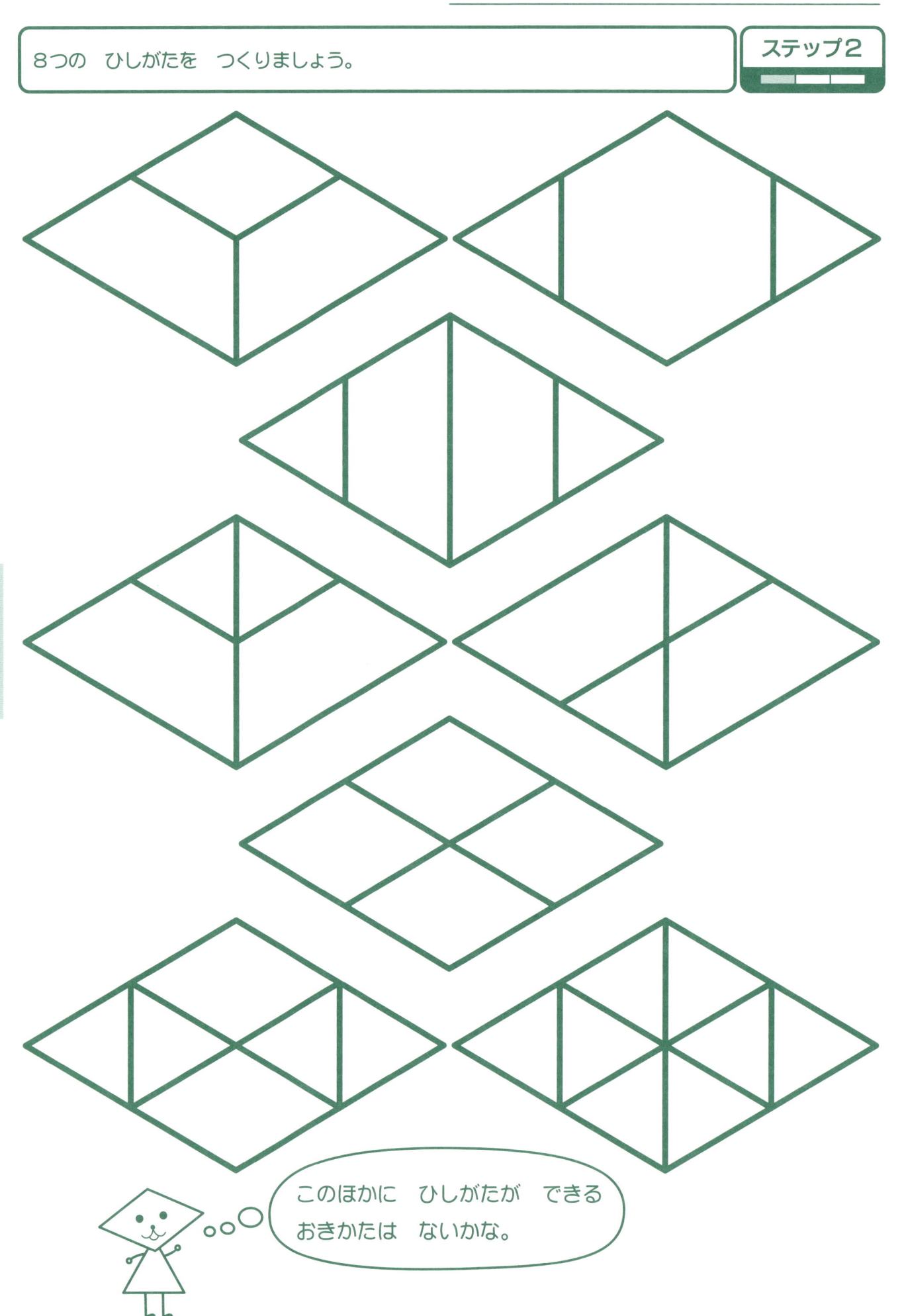

このほかに ひしがたが できる おきかたは ないかな。

なまえ _____

4つの だいけいを つくりましょう。　　ステップ2

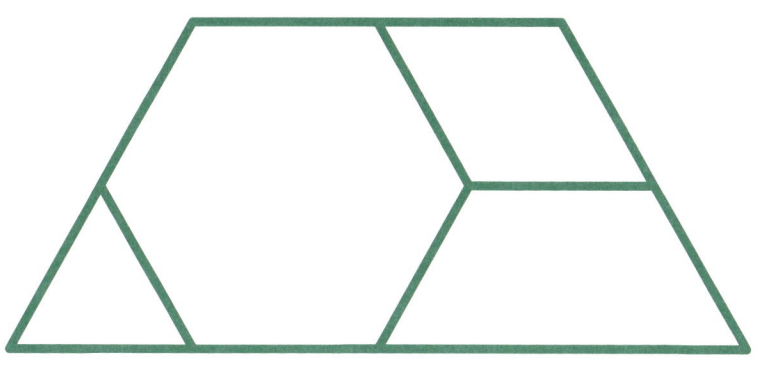

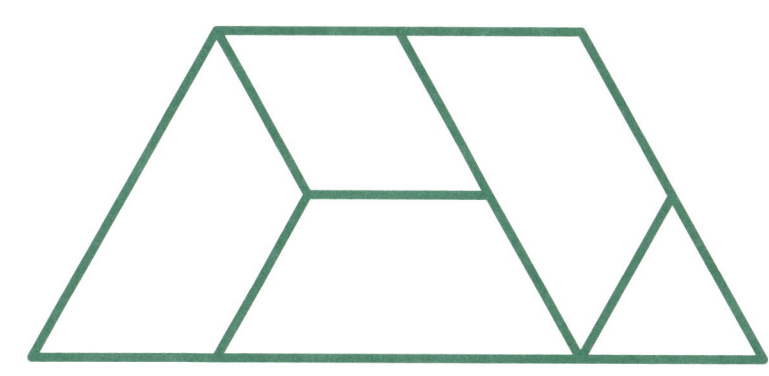

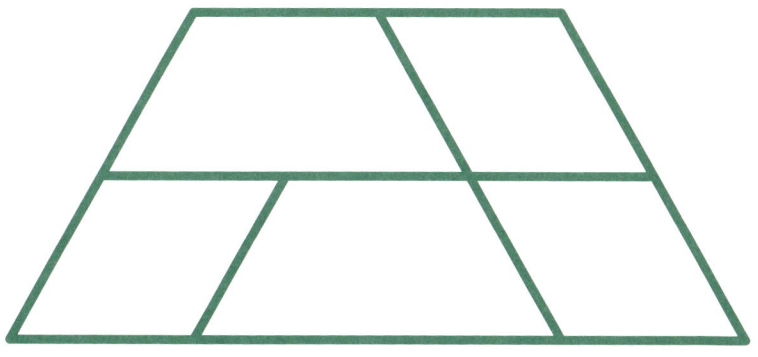

だいけいの ブロックが
4つで すこしおおきい
だいけいが できちゃった。

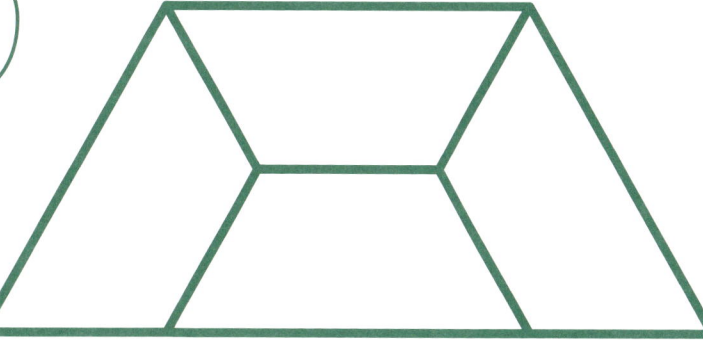

なまえ＿＿＿＿＿＿＿＿＿＿＿＿＿＿＿＿＿

6つの すこしおおきい せいさんかくけいを つくりましょう。

ステップ2

かたちが おおきくなると つくりかたも ふえてくるね。

なまえ _____

ちがう おきかたで ちいさい せいさんかくけいを 3つと すこしおおきい せいさんかくけいを 2つ つくりましょう。

ステップ2

かたちの わくが なくても できるかな。

なまえ _____

ちがう　おきかたで　ちいさい　せいろくかくけいを　2つと　すこしおおきい　せいろくかくけいを　2つ　つくりましょう。

ステップ2

おおきさは　ちがっても
おなじ　せいろくかくけいだね。

なまえ _____

ちがう おきかたで ちいさい ひしがたを 3つと すこしおおきい ひしがたを 1つ つくりましょう。

ステップ2

すこしおおきい ひしがたは ブロックを いくつ つかったかな。

ステップ2

なまえ _____

ちがう おきかたで ちいさい だいけいを 2つと すこしおおきい だいけいを 1つ つくりましょう。

ステップ2

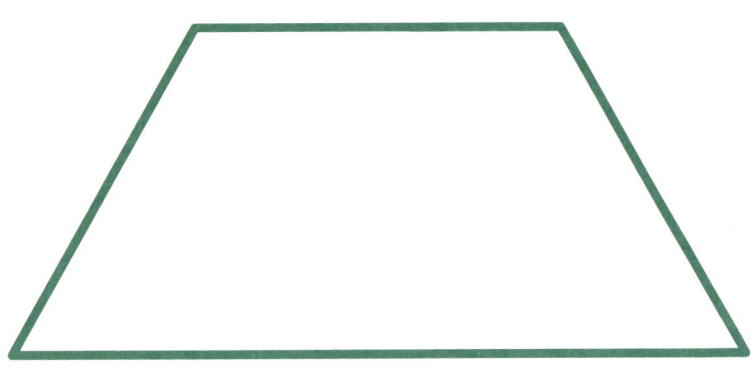

30ページでは もっと おおきい だいけいを つくるよ。

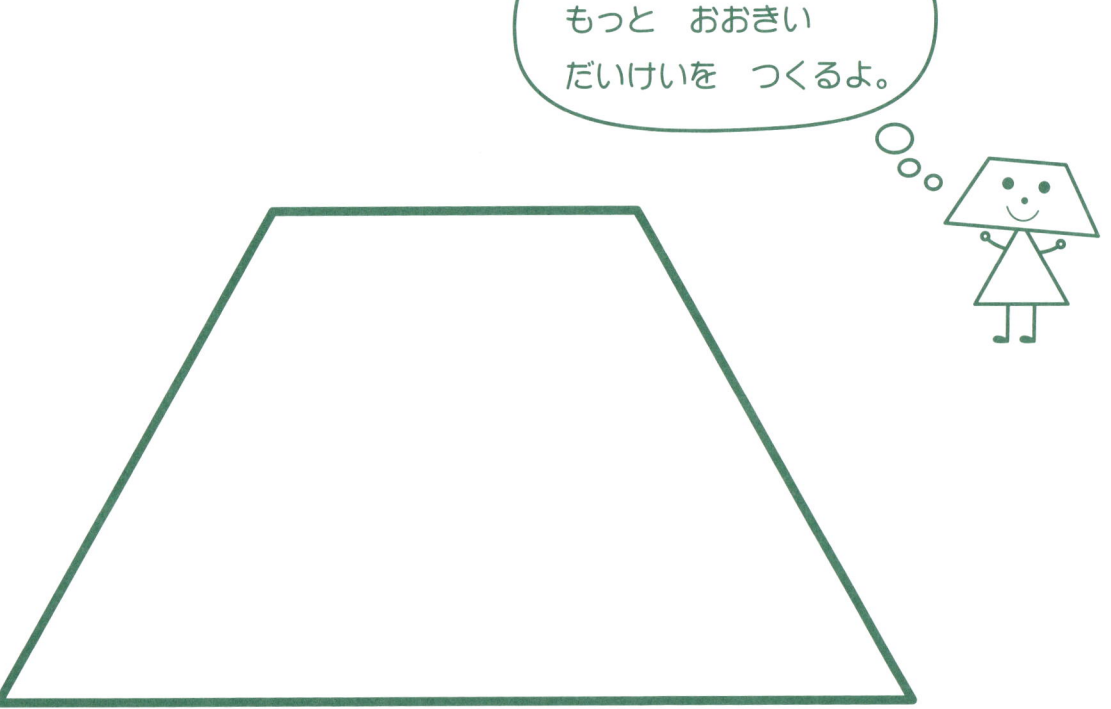

なまえ _____

ブロックの　おきかたを　かんがえて　おおきい　せいさんかくけいを　つくりましょう。

ステップ2

なまえ _____

ブロックの おきかたを かんがえて おおきい せいろくかくけいを つくりましょう。　　ステップ2

できたら ちがう おきかたでも つくってね。

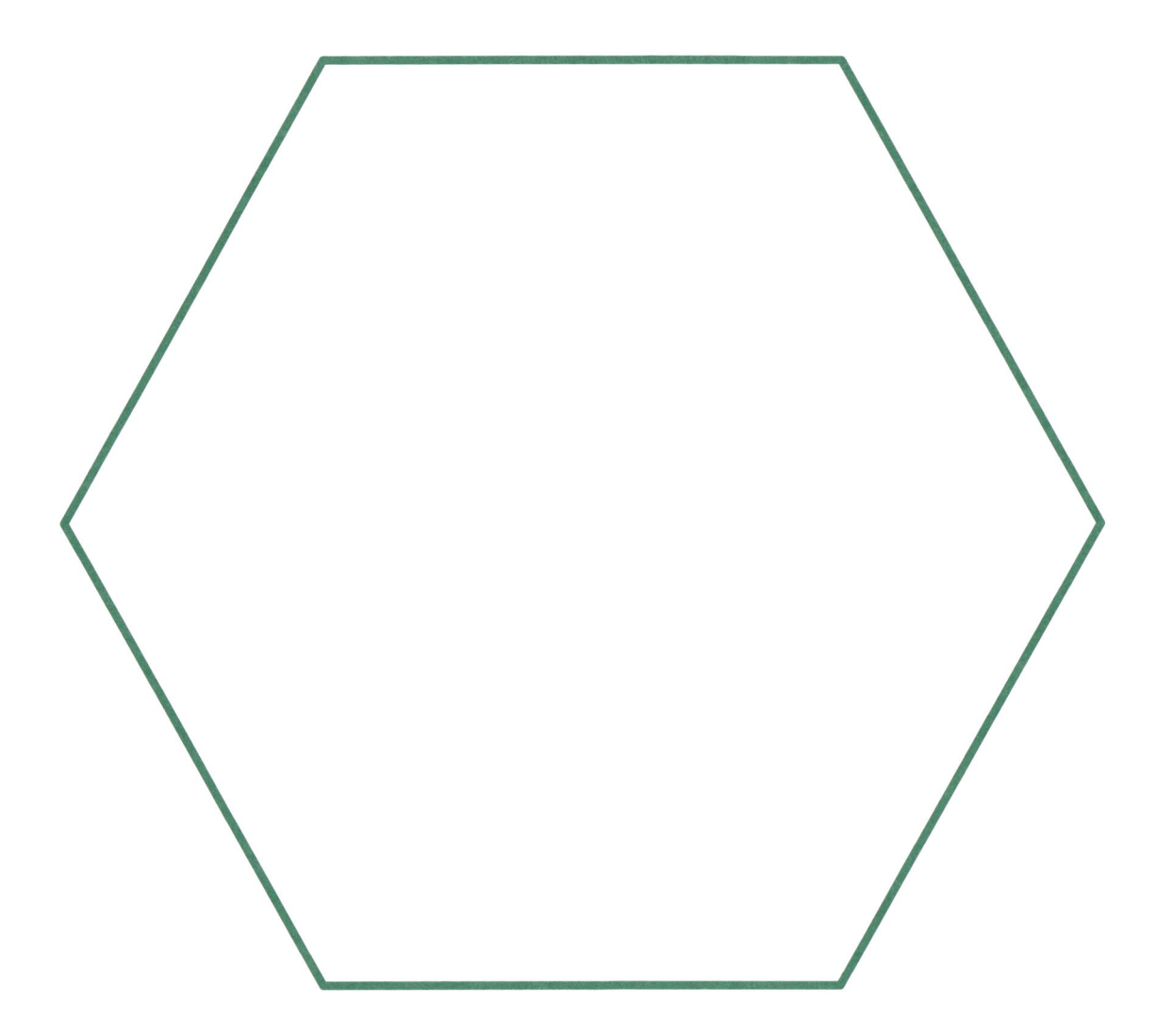

なまえ _____

ブロックの おきかたを かんがえて おおきい ひしがたを つくりましょう。　ステップ2

よこながの ひしがたも つくってね。

なまえ _____

ブロックの おきかたを かんがえて おおきい だいけいを つくりましょう。

ステップ2

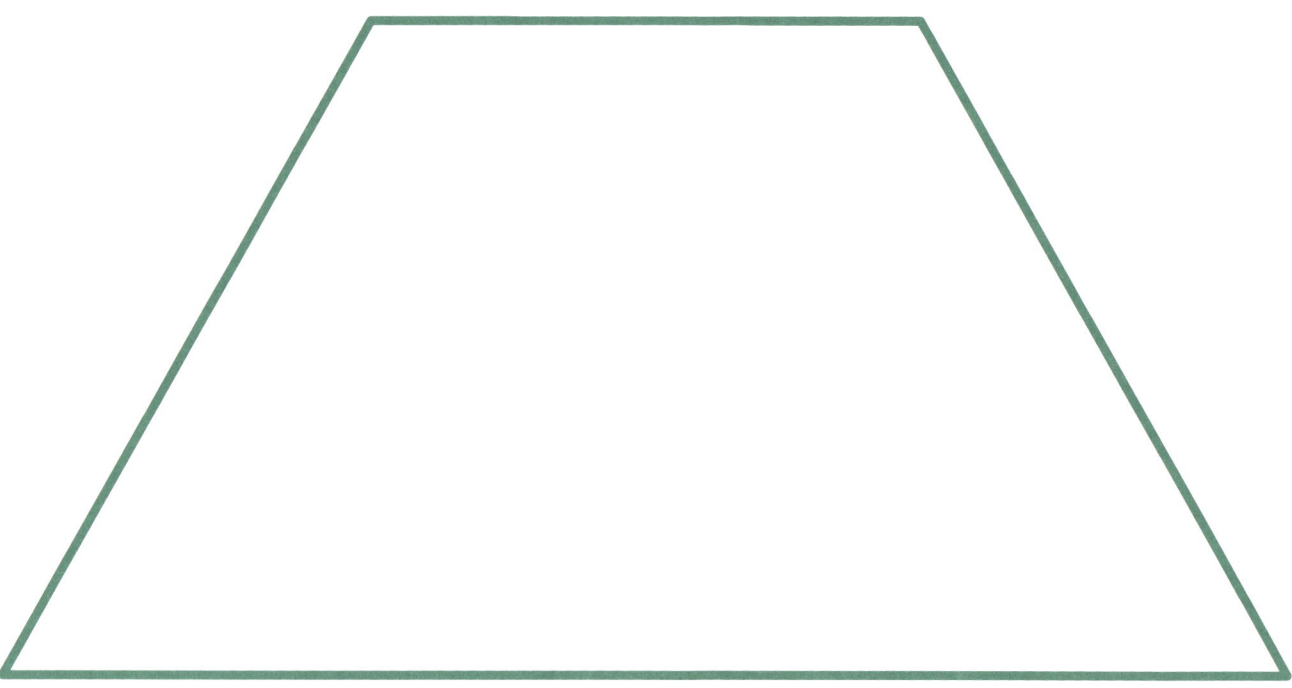

つかった ブロックの かずを かぞえてみよう。

なまえ

ブロックの おきかたを かえて 3つの かたちを つくりましょう。

ステップ2

きれいな いろの
かたちが できたかな。

なまえ _____

ブロックの おきかたを かえて 5つの かたちを つくりましょう。

ステップ2

ほしの かたちに みえるかな。

なまえ _____

| ブロックの　おきかたを　かえて　4つの　かたちを　つくりましょう。 | ステップ2 |

ほそい　ひしがたの
ブロックが
だいかつやくだよ。

なまえ _____

ブロックの おきかたを かえて 4つの かたちを つくりましょう。

ステップ2

せいろくかくけいの
ブロックだけで つくると
なんこ つかう？

ステップ3

・・・

したに かかれた しゅるいと かずの ブロックを つかって ちがう かたちを つくってみよう。

おなじ しゅるいと かずの ブロックでも いろいろな かたちが つくれるね。

なまえ _____

3つの ちがう かたちを つくりましょう。

ステップ3

1

2

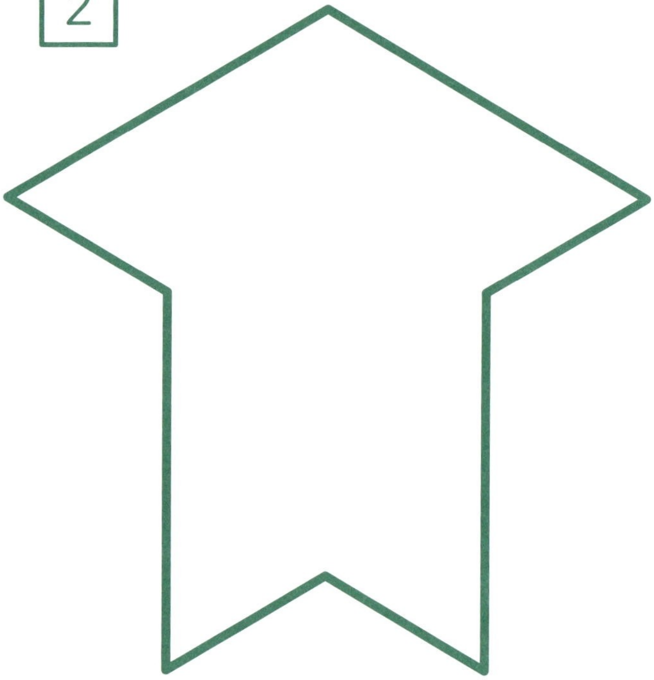

3

つかう ブロックの しゅるいと かず

△ 2　□ 0　◇ 0　◇ 3　⬡ 2　⬢ 0

なまえ _____

3つの ちがう かたちを つくりましょう。　　　ステップ３

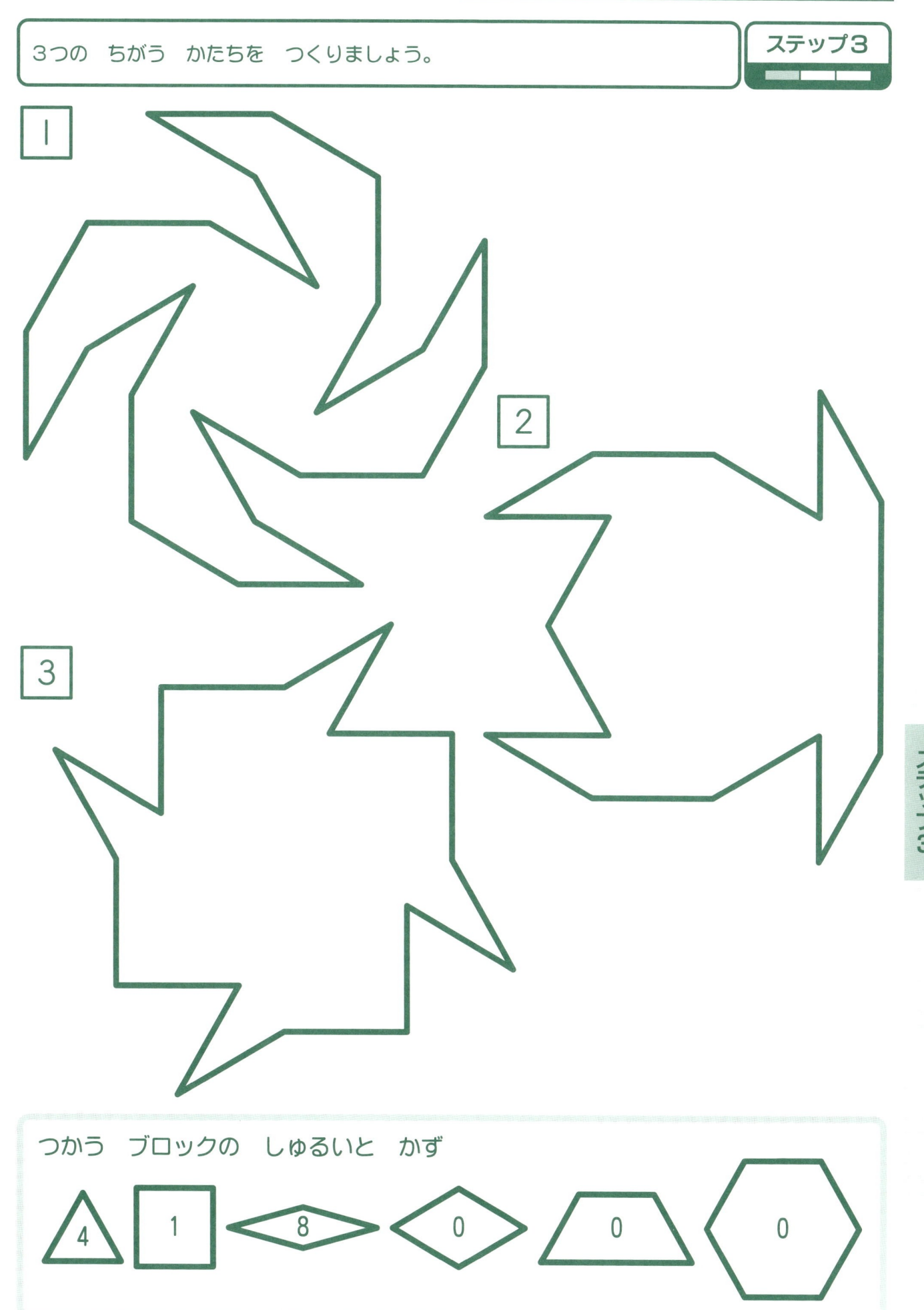

1

2

3

つかう ブロックの しゅるいと かず

△ 4　□ 1　◇ 8　◇ 0　⬠ 0　⬡ 0

なまえ _____

3つの ちがう かたちを つくりましょう。

ステップ3

1

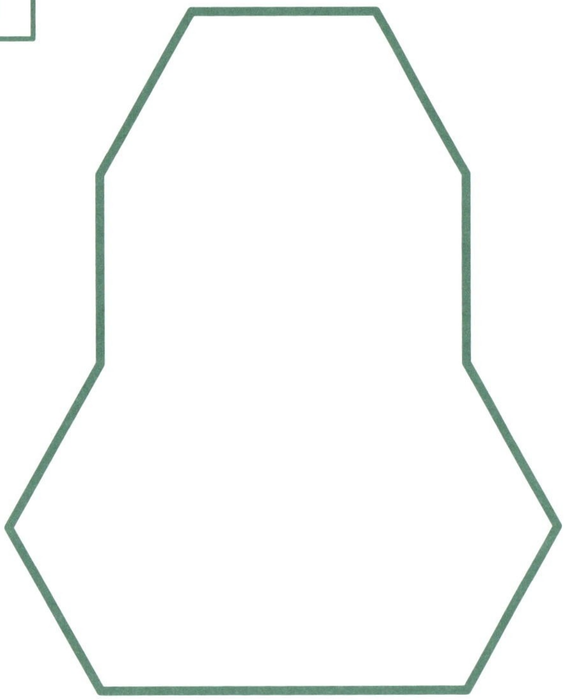

2

3

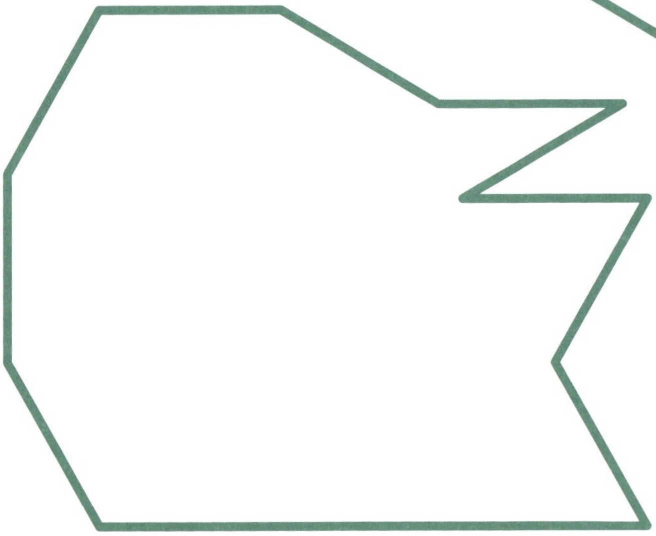

つかう ブロックの しゅるいと かず

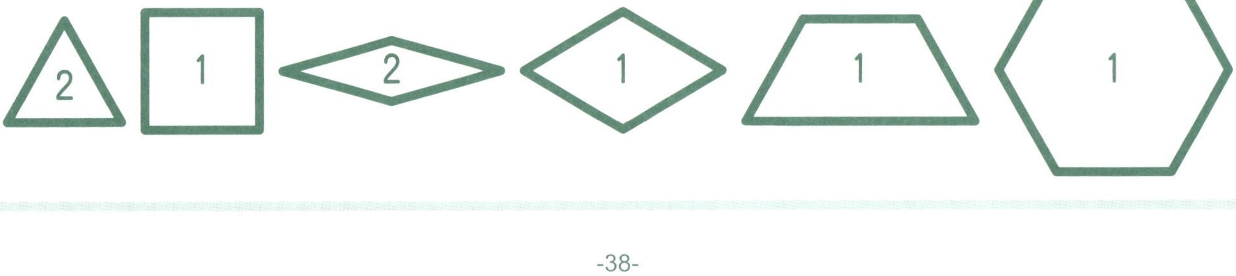

△ 2　□ 1　◇ 2　◇ 1　▱ 1　⬡ 1

-38-

なまえ

3つの ちがう かたちを つくりましょう。

ステップ3

1

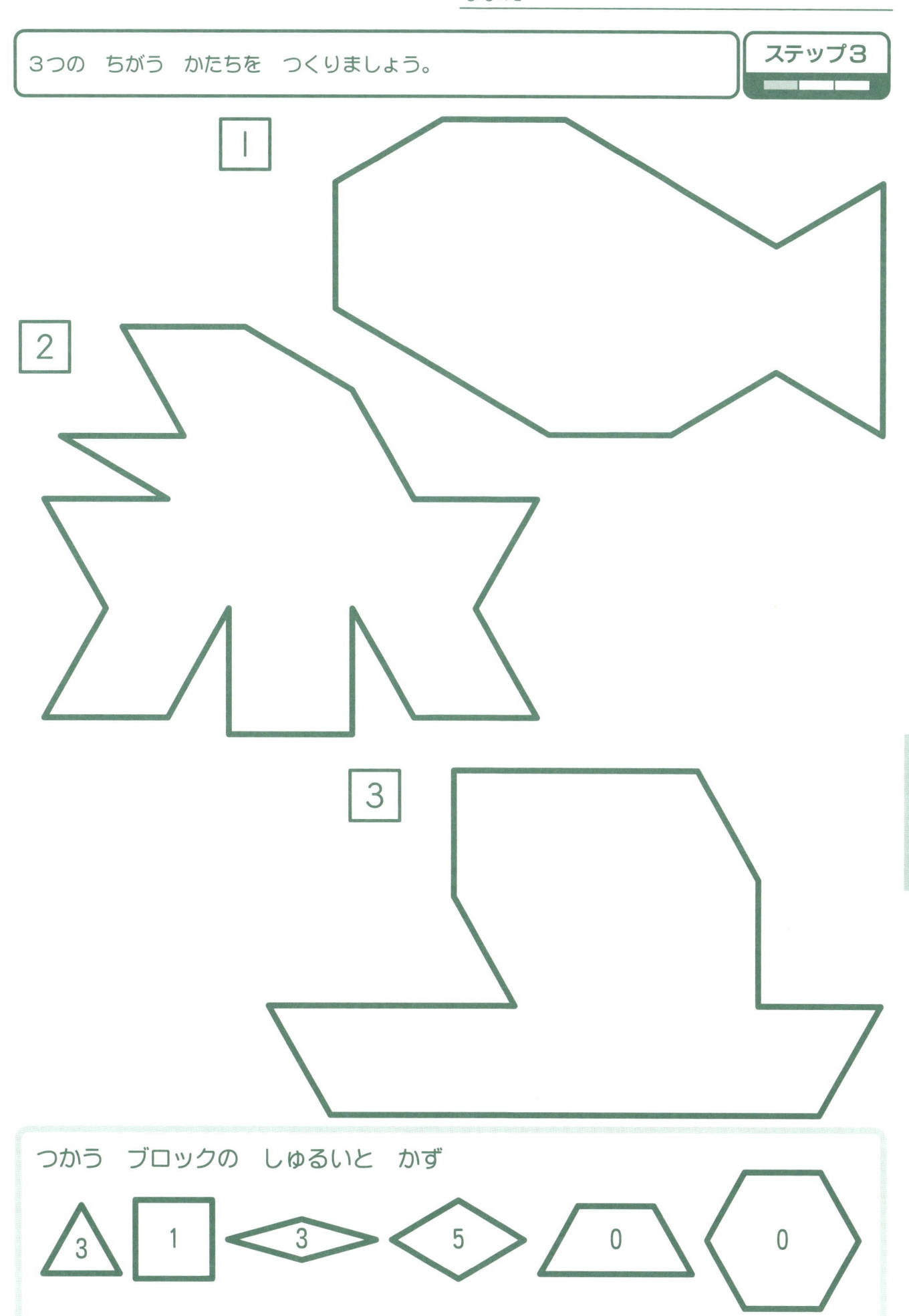

2

3

つかう ブロックの しゅるいと かず

△ 3　□ 1　◇ 3　◇ 5　⏢ 0　⬡ 0

なまえ ＿＿＿＿＿＿＿＿＿＿

3つの ちがう かたちを つくりましょう。

ステップ3

1

2

3

つかう ブロックの しゅるいと かず

△ 2　□ 1　◇ 3　◇ 6　⬡ 0　⬢ 0

なまえ _____

2つの ちがう かたちを つくりましょう。

ステップ3

1

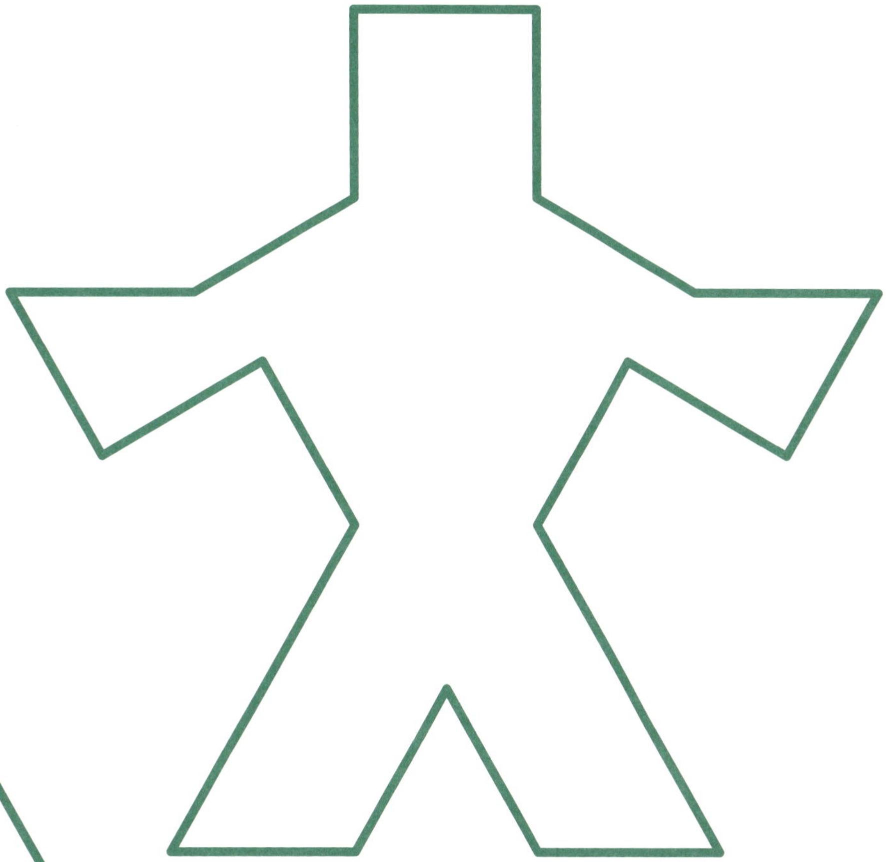

2

つかう ブロックの しゅるいと かず
△2　□1　◇2　◇2　▱1　⬡1

-41-

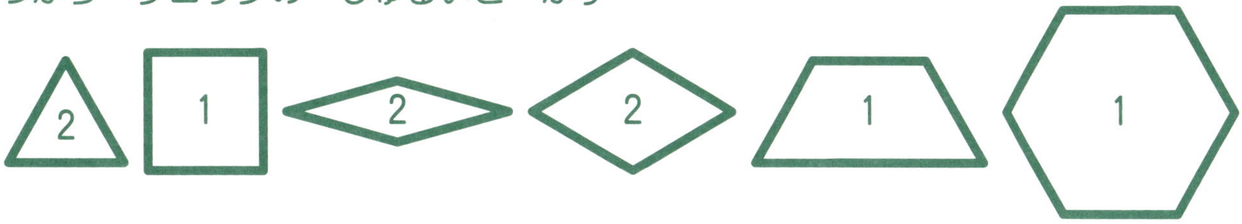

なまえ _____

2つの ちがう かたちを つくりましょう。　　ステップ3

1

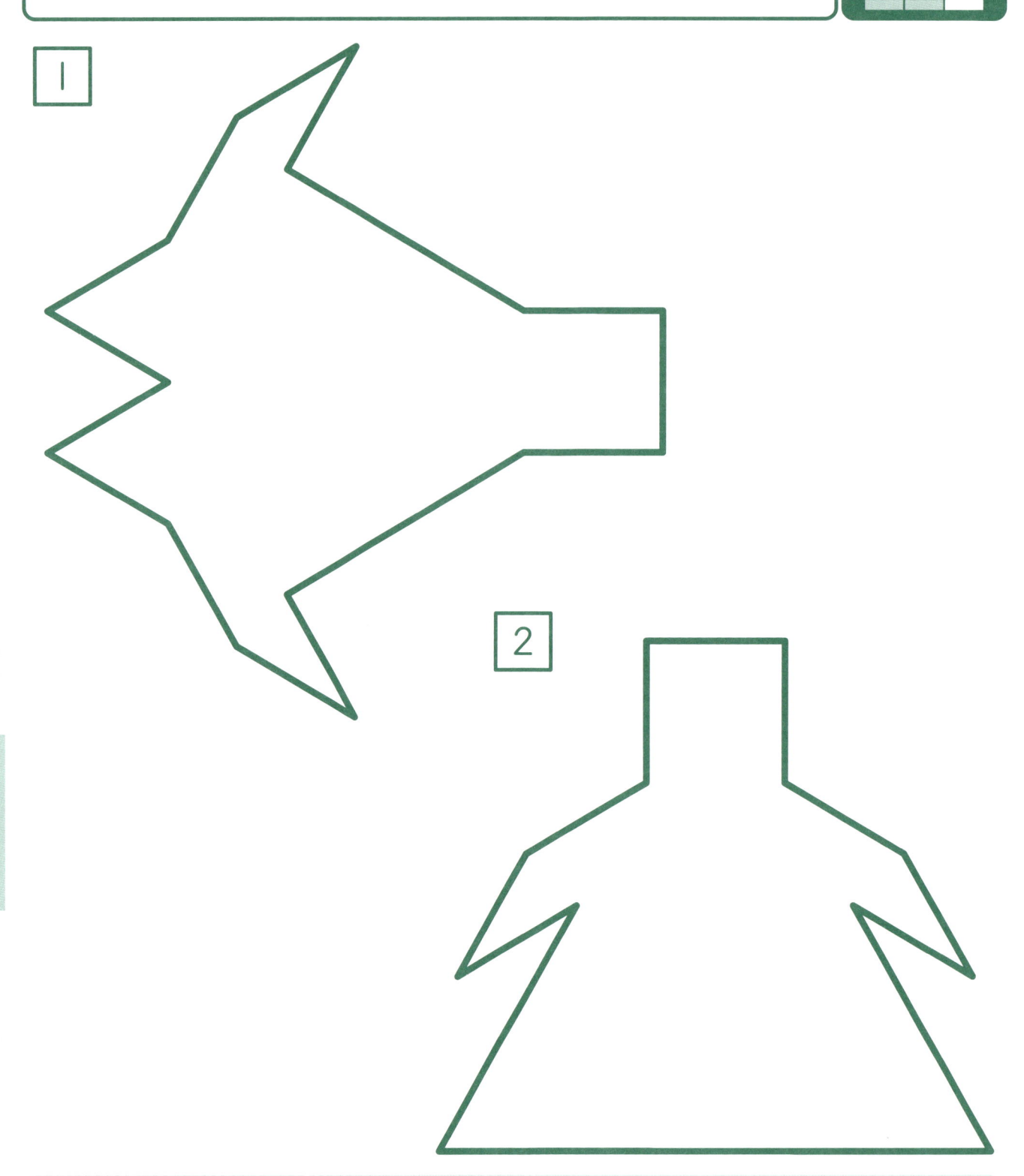

2

つかう ブロックの しゅるいと かず

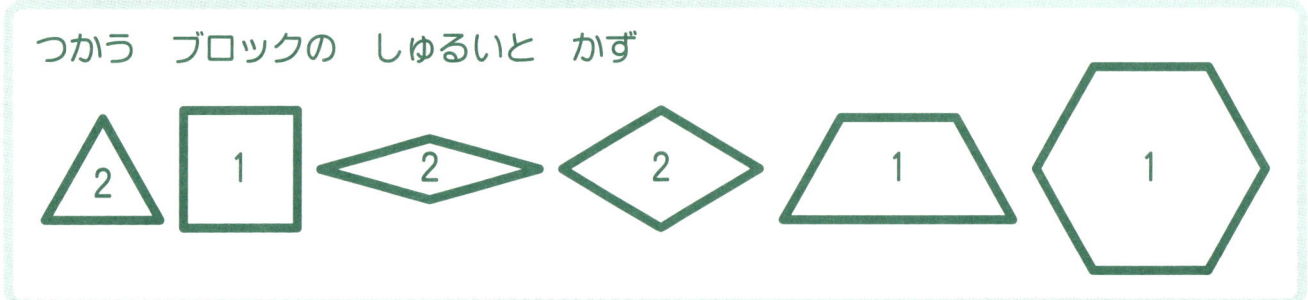

△ 2　□ 1　◇ 2　◇ 2　⏢ 1　⬡ 1

なまえ _____

2つの ちがう かたちを つくりましょう。

ステップ3

1

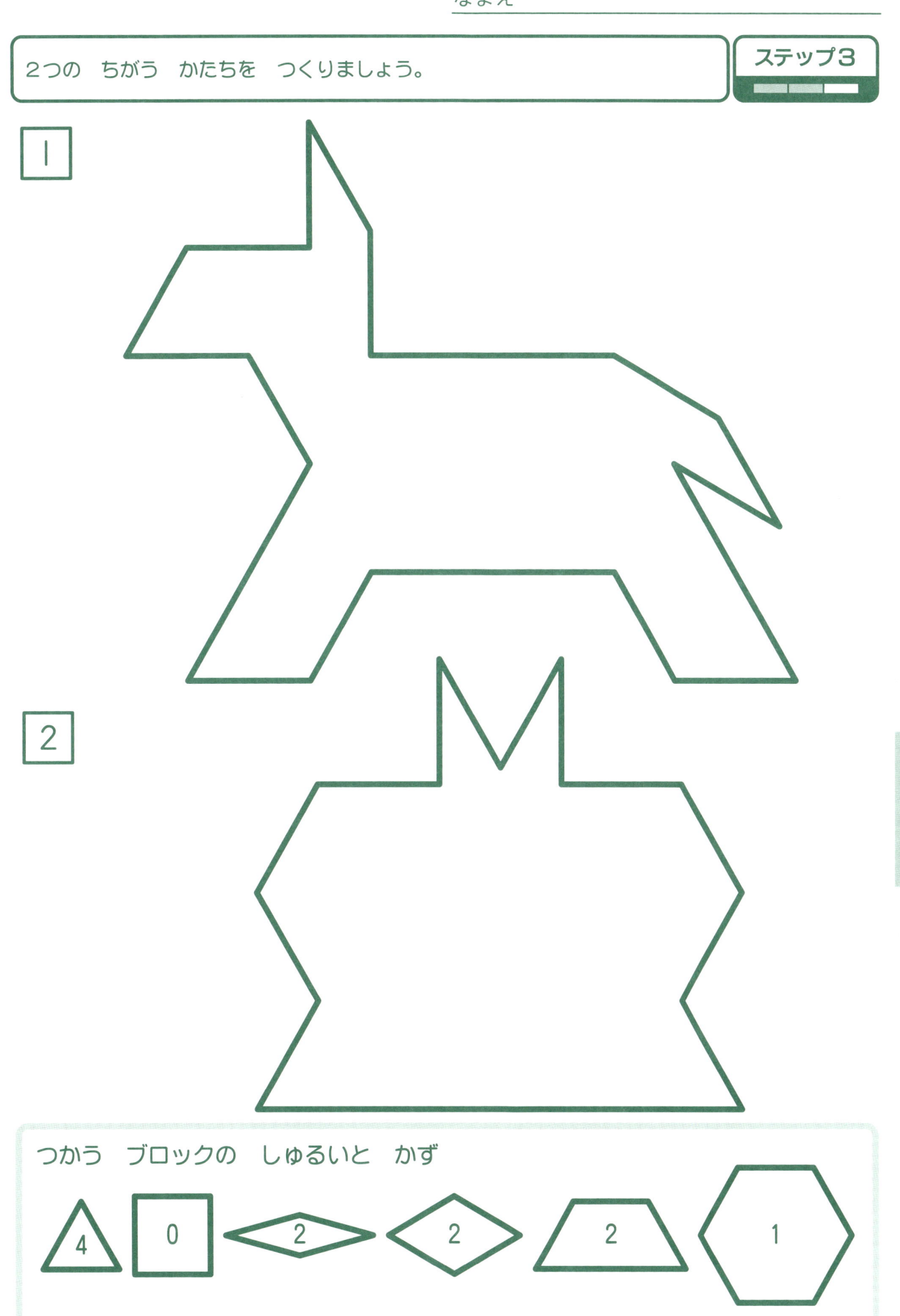

2

つかう ブロックの しゅるいと かず

△ 4　□ 0　◇ 2　◇ 2　⬭ 2　⬡ 1

なまえ _____

2つの ちがう かたちを つくりましょう。　　ステップ3

1

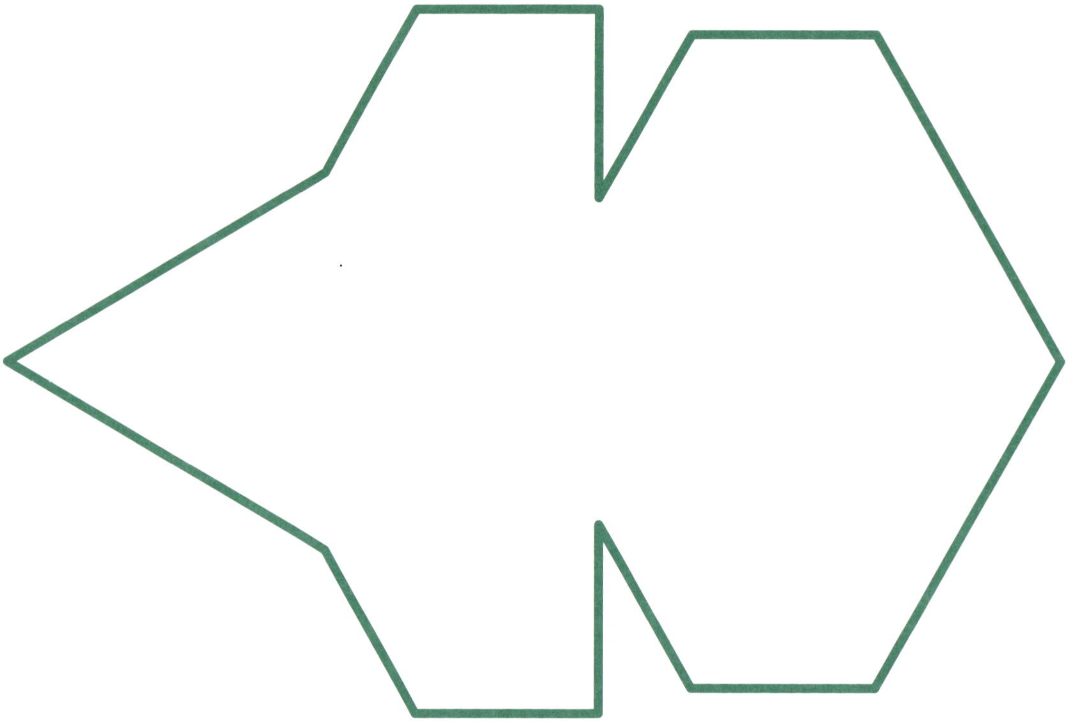

2

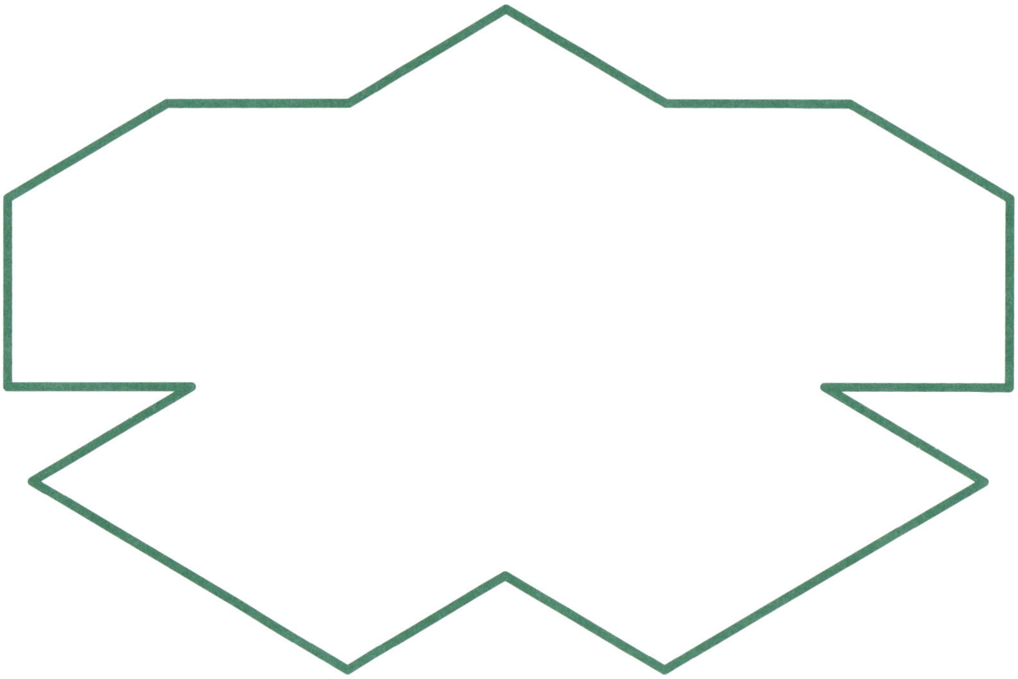

つかう ブロックの しゅるいと かず

△2　□2　◇2　◇2　⬠2　⬡2

なまえ _____

2つの ちがう かたちを つくりましょう。　　ステップ3

1

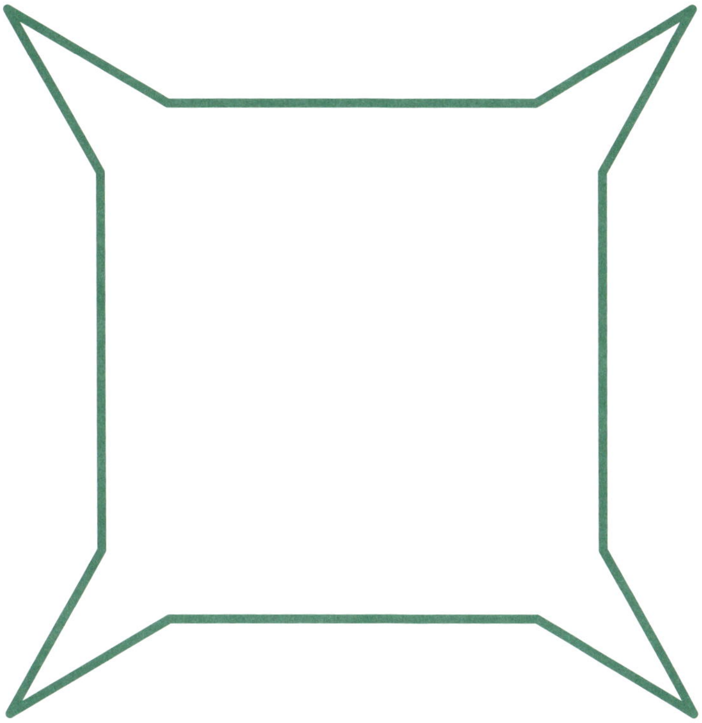

2

つかう ブロックの しゅるいと かず

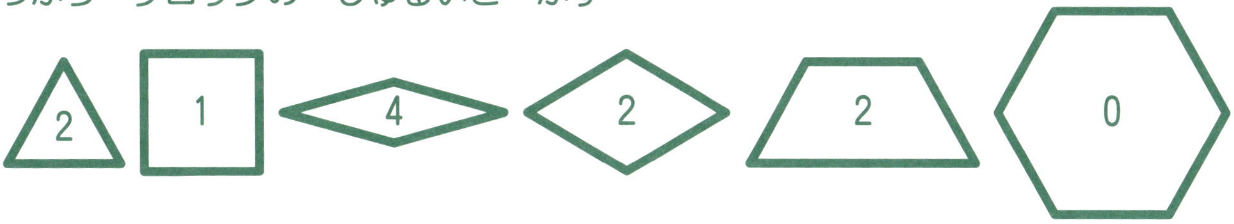

△ 2　□ 1　◇ 4　◇ 2　▱ 2　⬡ 0

なまえ _____

2つの ちがう かたちを つくりましょう。　　ステップ3

1

2

つかう ブロックの しゅるいと かず

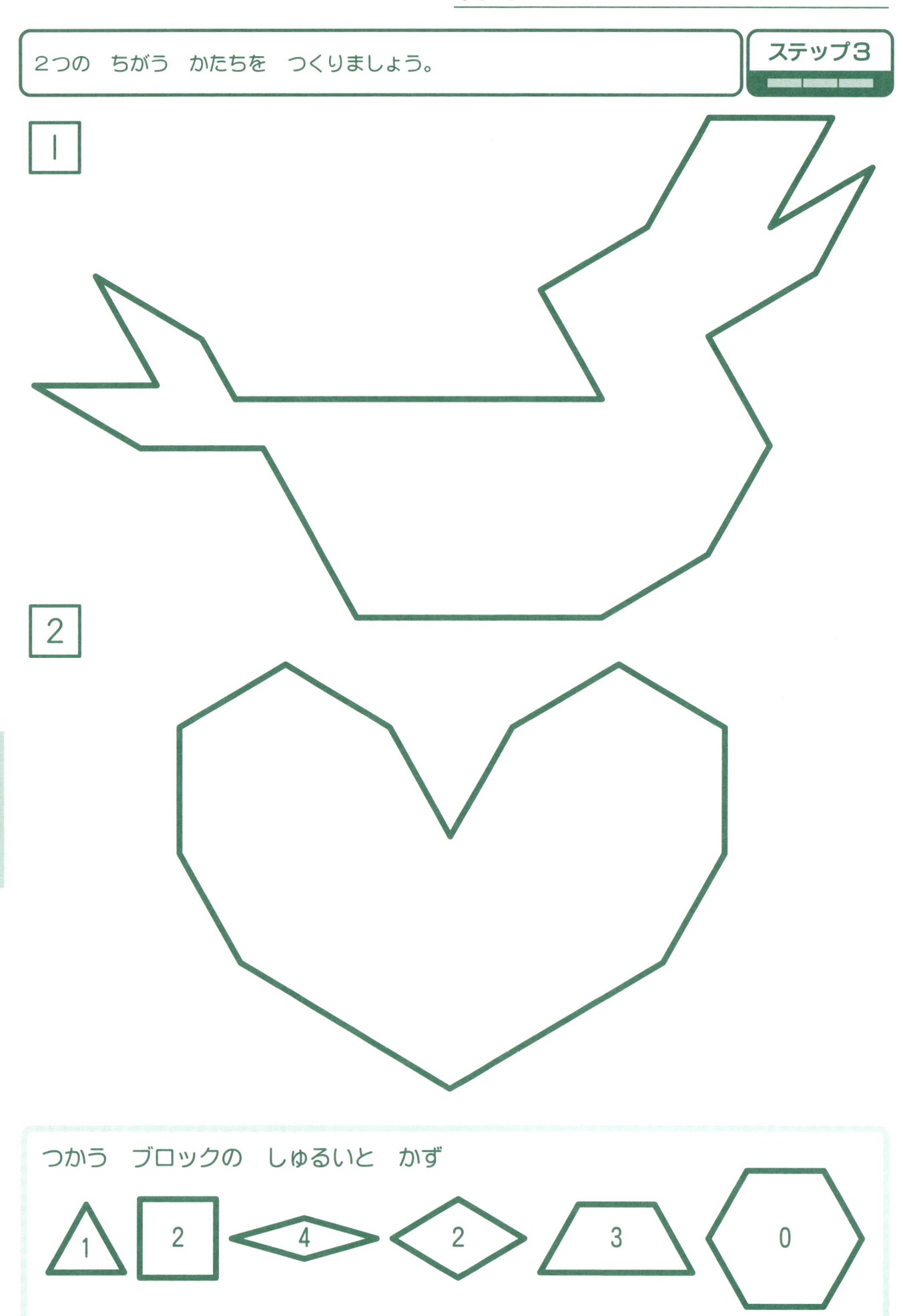

△ 1　■ 2　◇ 4　◆ 2　▱ 3　⬡ 0

ステップ4
• • • •

したに かかれた しゅるいと かずの ブロックを つかって
かたちの わくだけ えがかれた かたちを つくってみよう。

ステップ4の うしろのほうには つくった かたちを かがみに
うつしたり まわしたり したときの ならべかたの もんだいも あるよ。

なまえ _____

えがかれた かたちを つくりましょう。くろいところには ブロックを おきません。

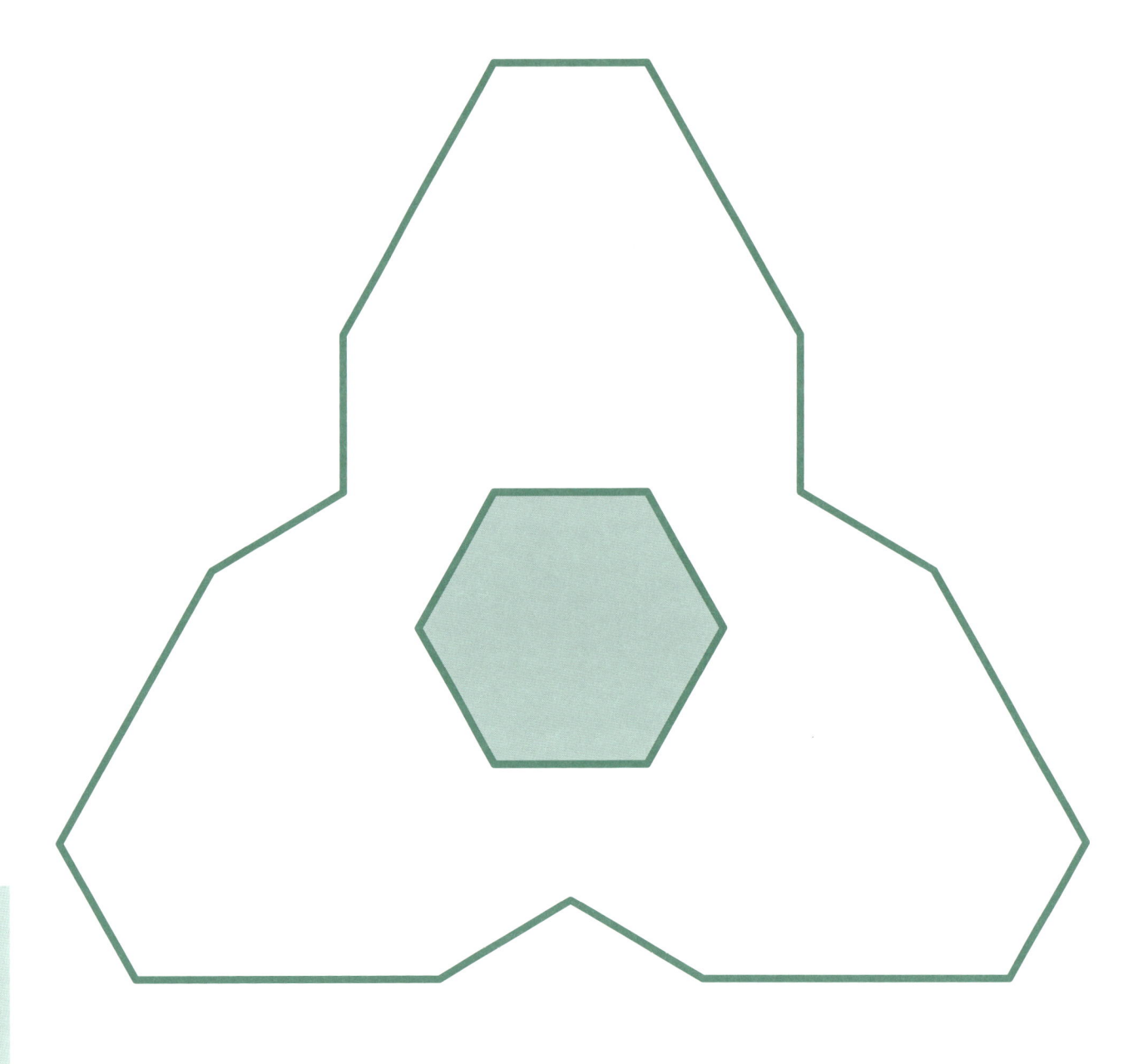

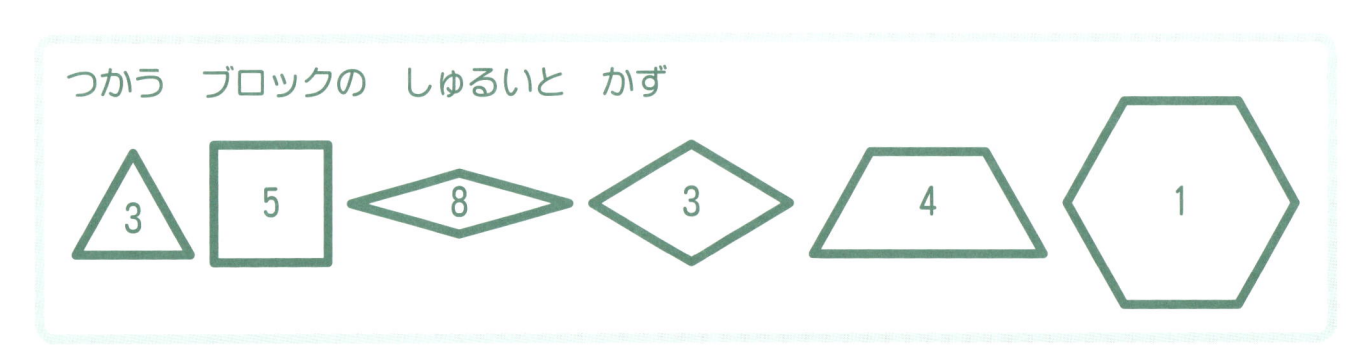

ステップ4

つかう ブロックの しゅるいと かず

△ 3　□ 5　◇ 8　◇ 3　▱ 4　⬡ 1

-48-

なまえ _____

えがかれた　かたちを　つくりましょう。

ステップ4

つかう　ブロックの　しゅるいと　かず

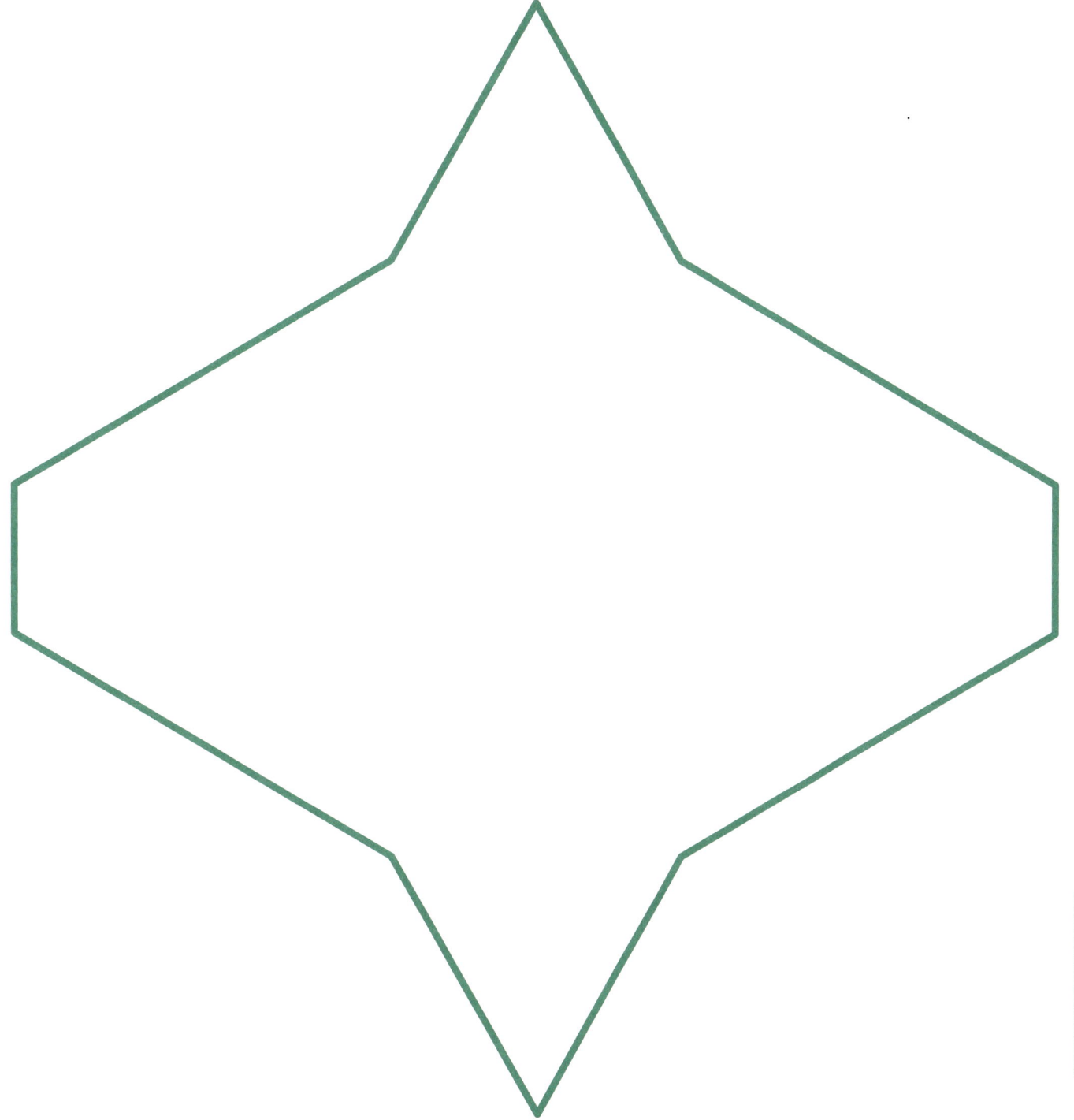

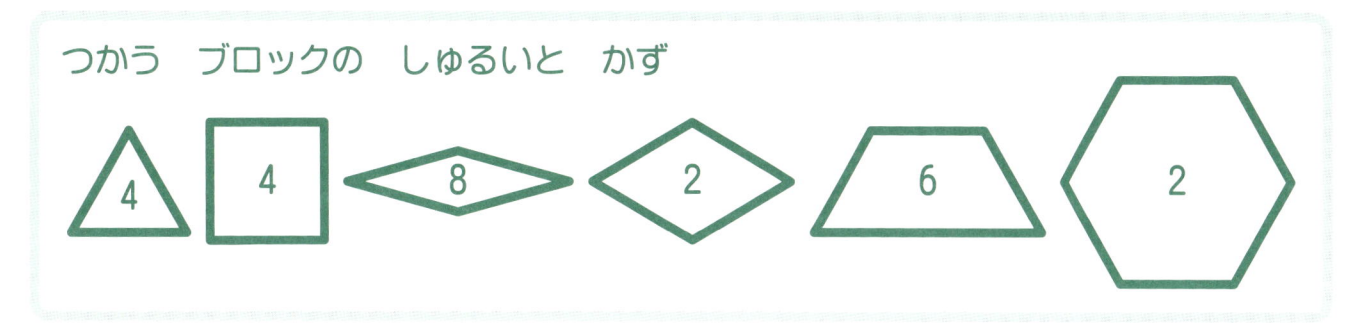

| △ 4 | □ 4 | ◇ 8 | ◇ 2 | ⬠ 6 | ⬡ 2 |

なまえ _____

えがかれた かたちを つくりましょう。

ステップ4

つかう ブロックの しゅるいと かず

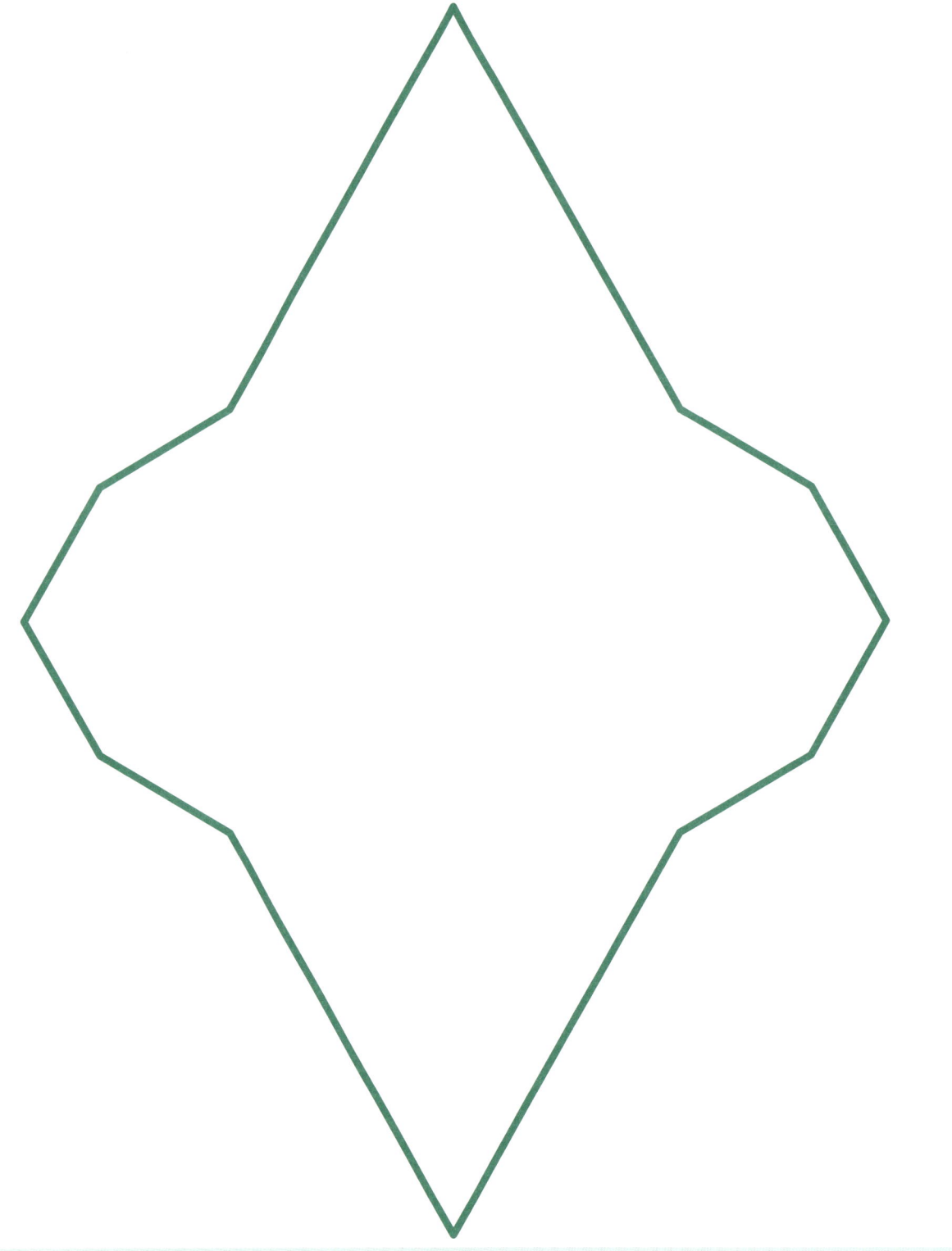

| △ 8 | □ 2 | ◇ 8 | ◇ 4 | ⬠ 4 | ⬡ 1 |

なまえ _____

えがかれた かたちを つくりましょう。

ステップ４

つかう ブロックの しゅるいと かず

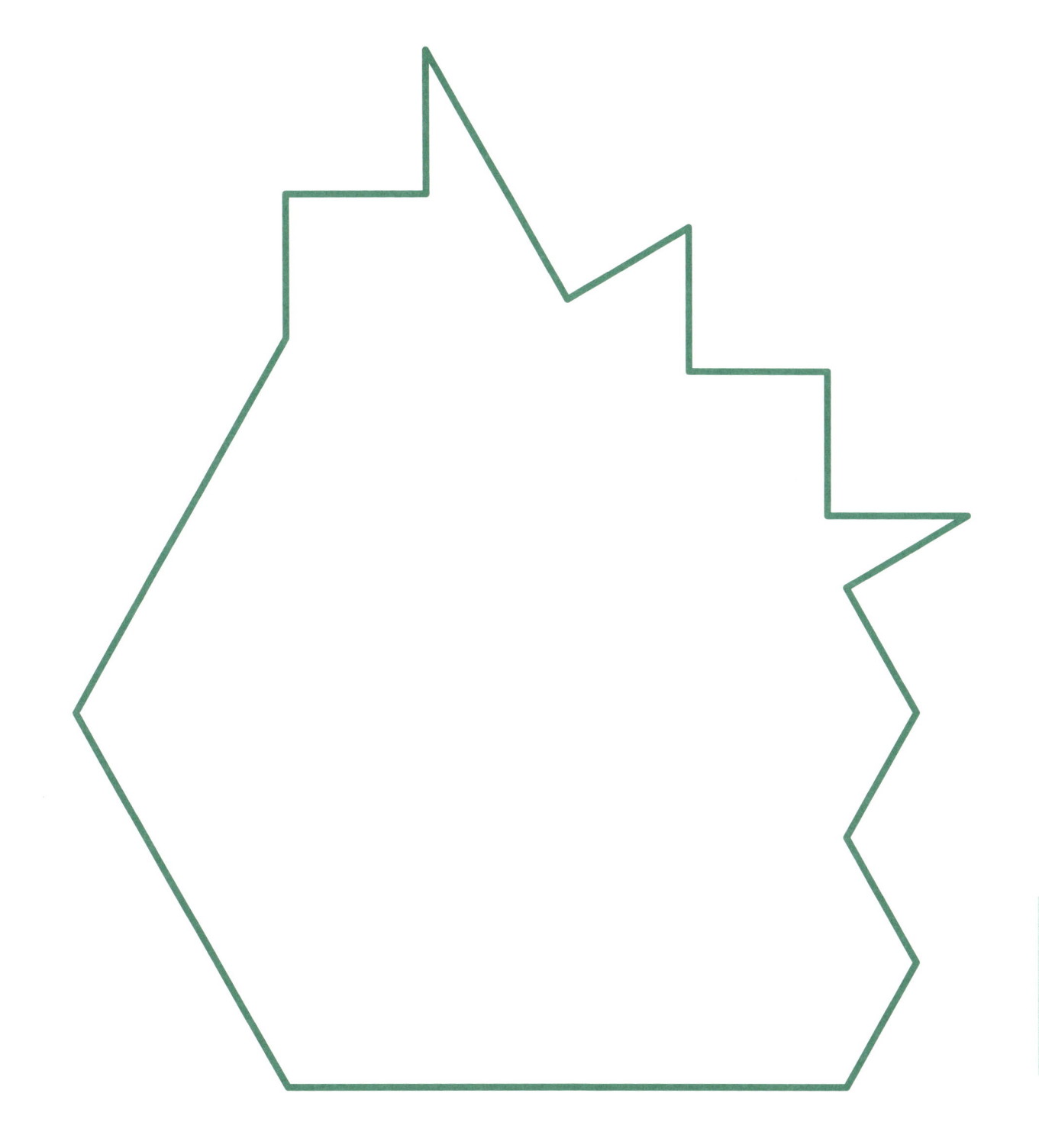

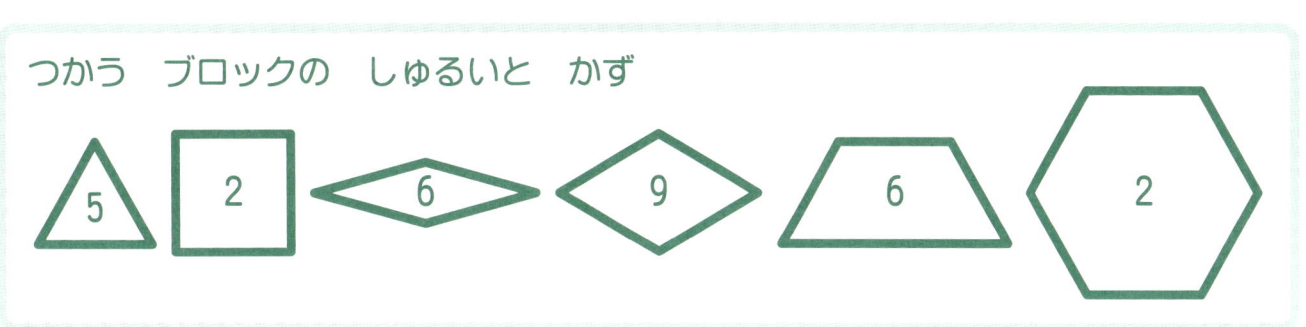

| △ 5 | □ 2 | ◇ 6 | ◇ 9 | ⬠ 6 | ⬡ 2 |

なまえ _____

えがかれた かたちを つくりましょう。　　　ステップ4

つかう ブロックの しゅるいと かず

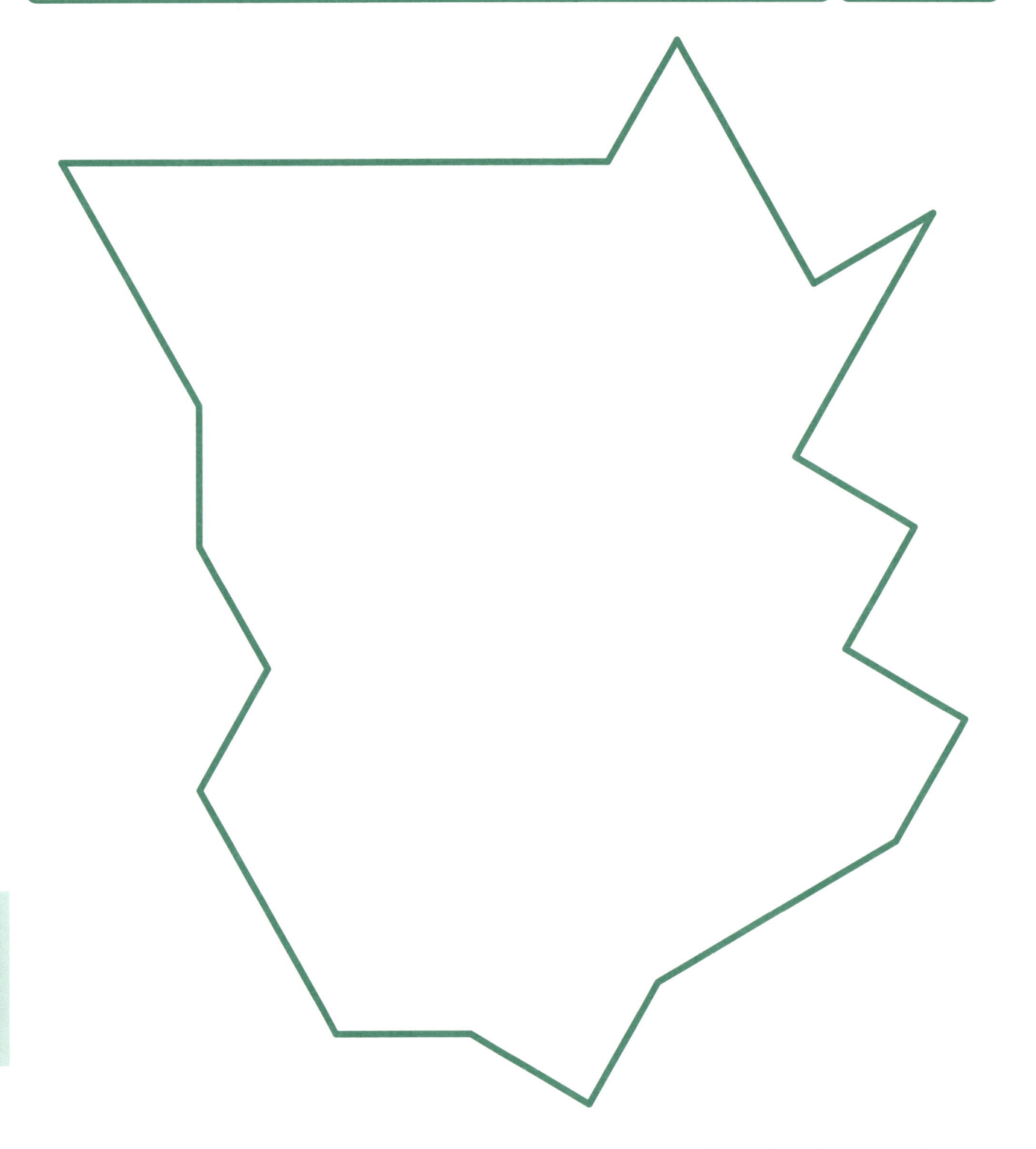

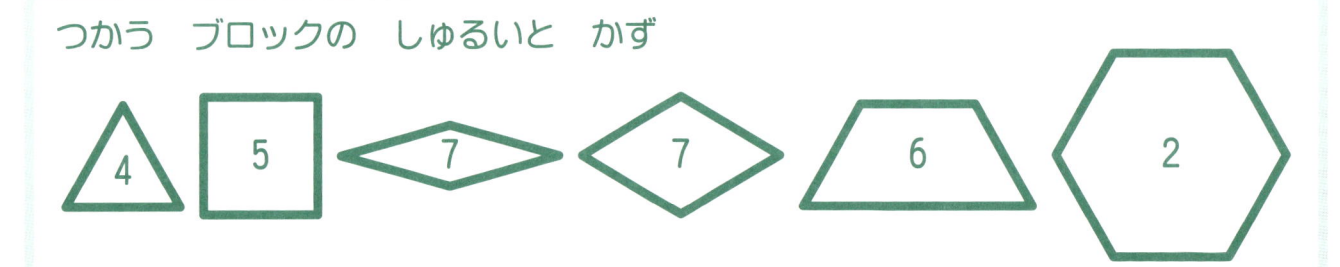

△ 4　□ 5　◇ 7　◇ 7　⬠ 6　⬡ 2

なまえ _____

ふといせんの ひだりがわの かたちを つくり つぎに それを かがみに うつした かたちを みぎがわに つくりましょう。

ステップ4

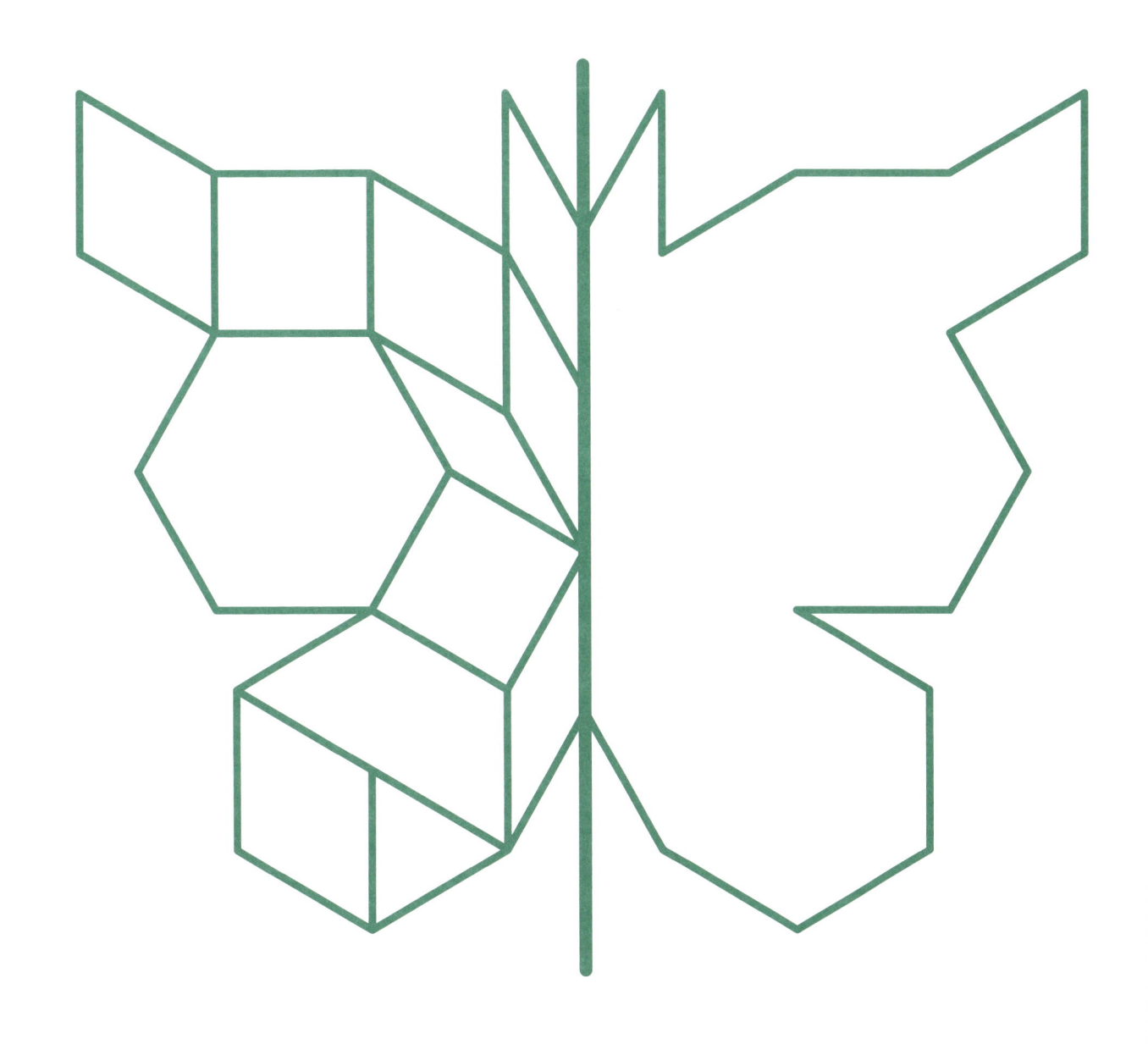

つかう ブロックの しゅるいと かず

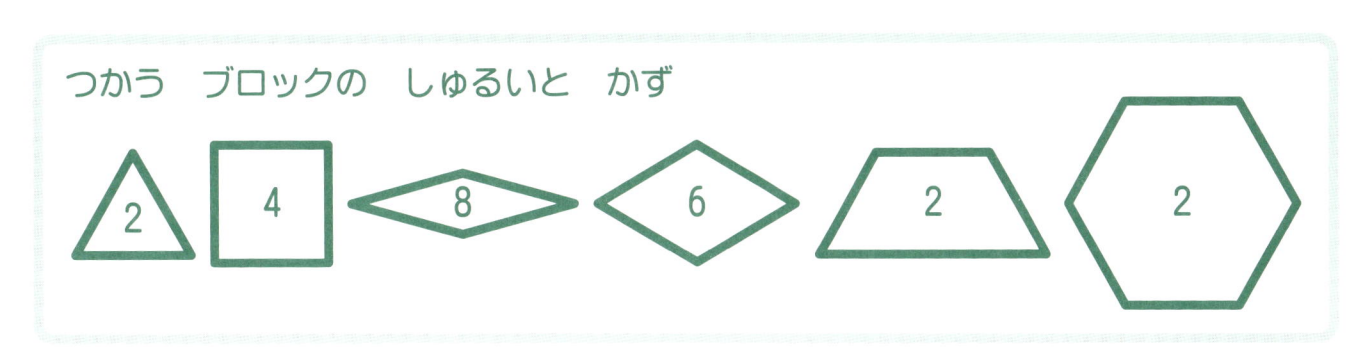

△ 2　□ 4　◇ 8　◇ 6　⬠ 2　⬡ 2

なまえ _____

ふといせんの ひだりがわの かたちを つくり つぎに それを かがみに うつした かたちを みぎがわに つくりましょう。

ステップ4

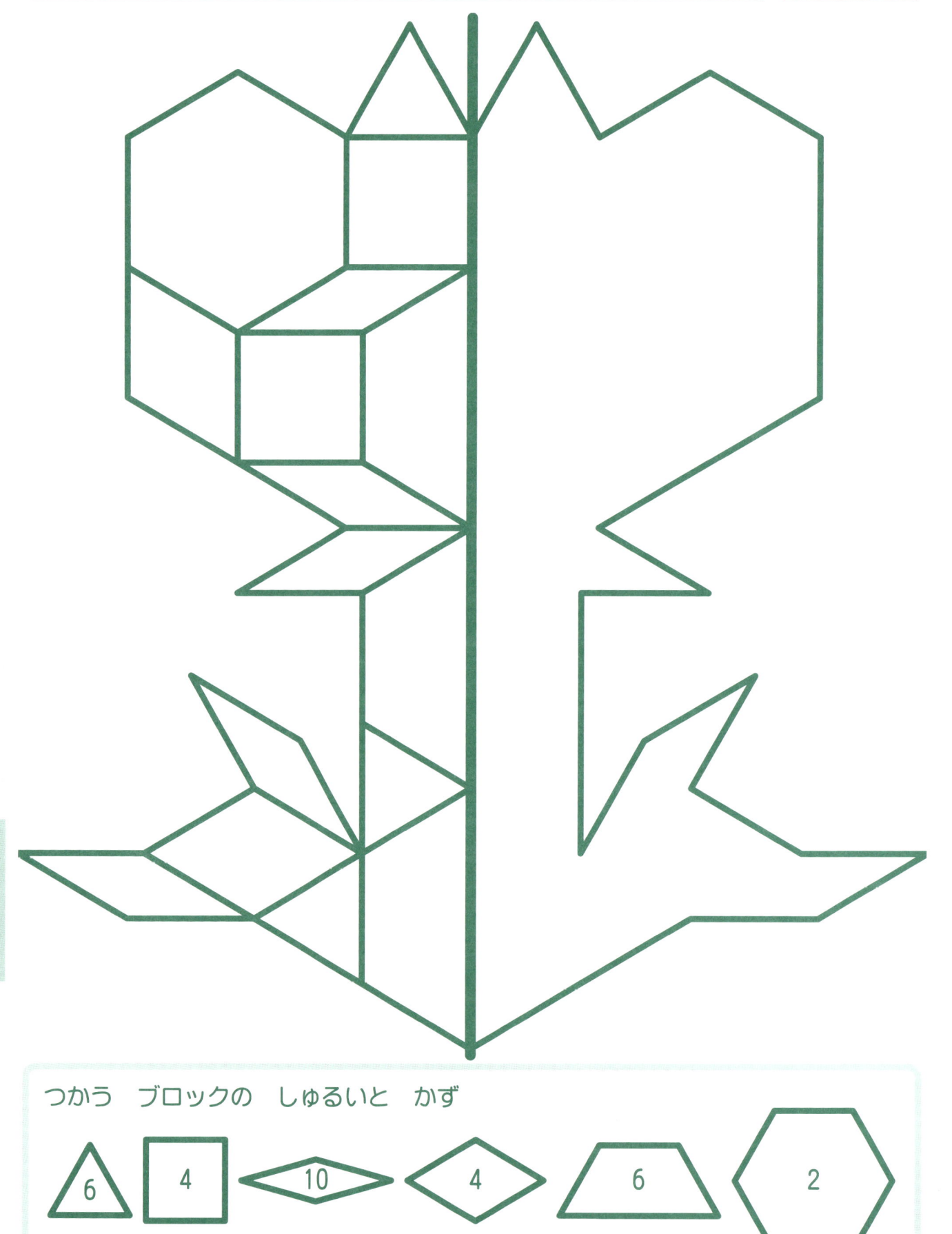

つかう ブロックの しゅるいと かず

△ 6　□ 4　◇ 10　◇ 4　⬠ 6　⬡ 2

なまえ _____

ふといせんの うえの かたちを つくり つぎに それを かがみに うつした かたちを したに つくりましょう。

ステップ4

つかう ブロックの しゅるいと かず

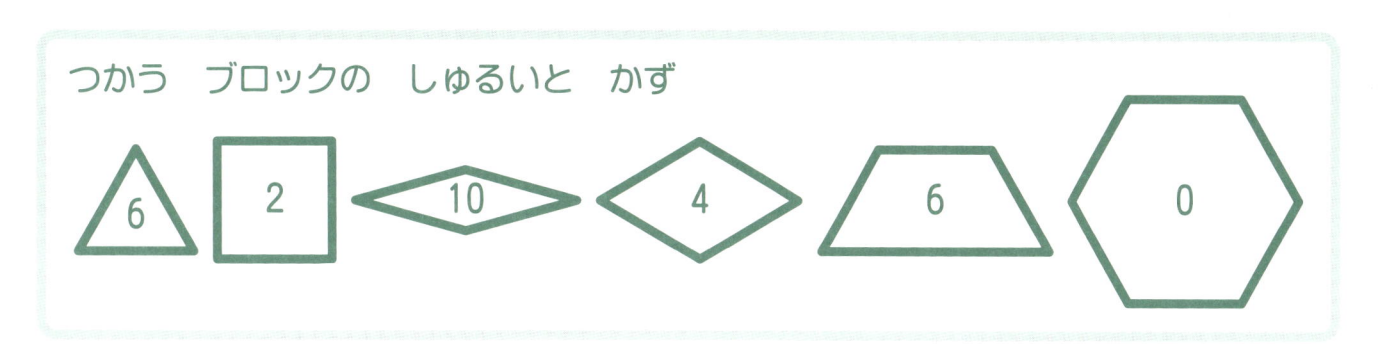

△ 6　□ 2　◇ 10　◇ 4　⬠ 6　⬡ 0

なまえ _____

ふといせんの したの かたちを つくり つぎに それを かがみに うつした かたちを うえに つくりましょう。

ステップ4

つかう ブロックの しゅるいと かず

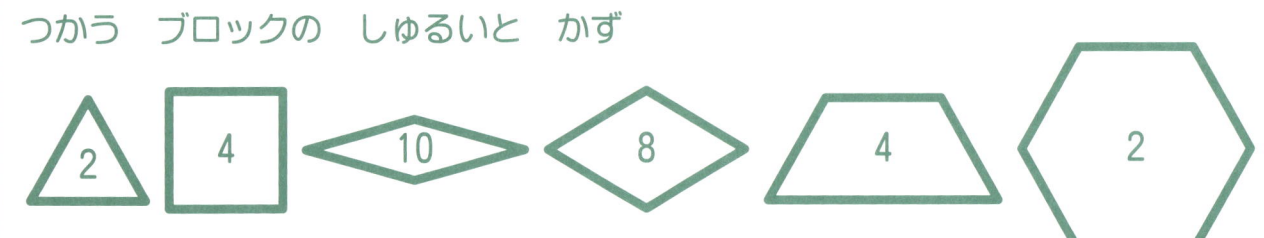

△ 2　□ 4　◇ 10　◇ 8　▱ 4　⬡ 2

なまえ _____

ふといせんの うえの かたちを つくり つぎに ●を ちゅうしんにして まわした かたちを したに つくりましょう。

ステップ４

つかう ブロックの しゅるいと かず

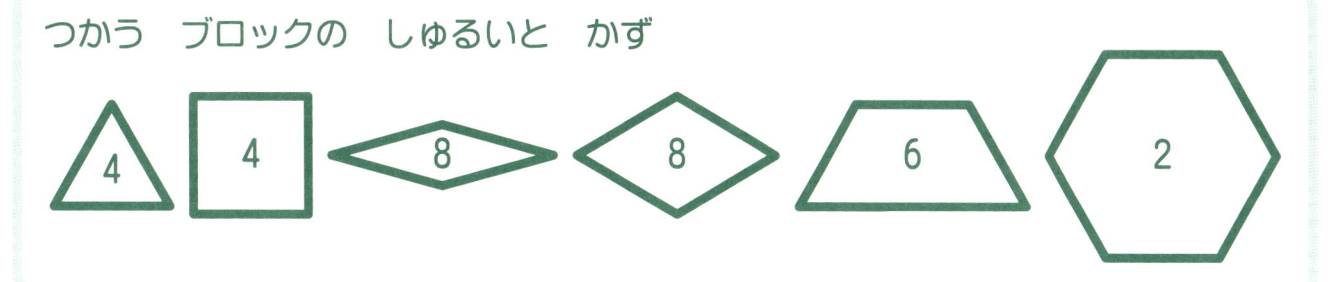

△ 4　□ 4　◇ 8　◇ 8　⬠ 6　⬡ 2

-57-

ふといせんの したの かたちを つくり つぎに ●を ちゅうしんにして まわした かたちを うえに つくりましょう。

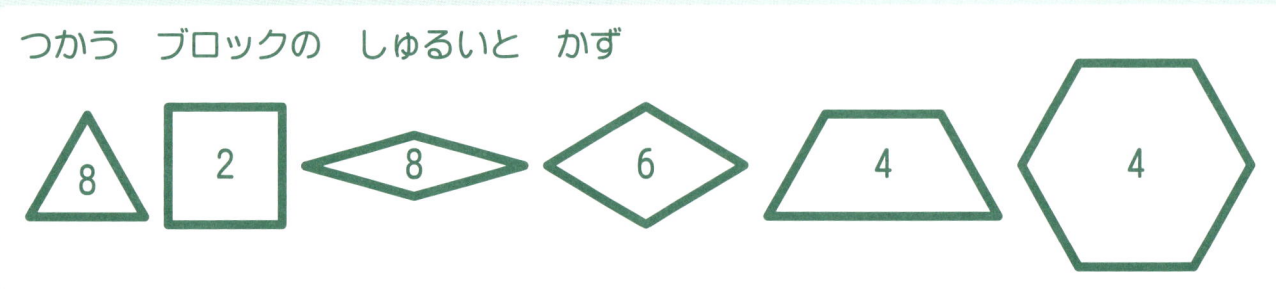

ステップ4

つかう ブロックの しゅるいと かず

| △ 8 | ☐ 2 | ◇ 8 | ◇ 6 | ▱ 4 | ⬡ 4 |

ステップ5

・・・・・

ブロックを つみあげて つくる かたちを あつめたよ。

えを みて おなじように つみあげてみよう。

たおさずに できるかな。

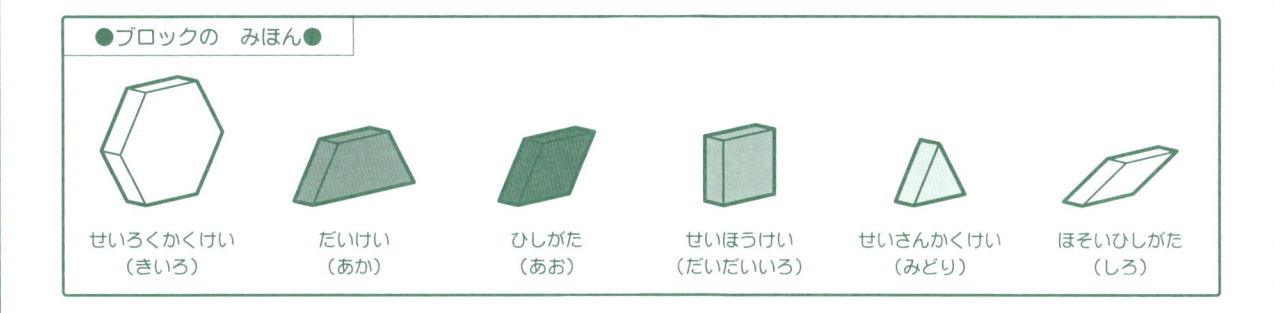

●ブロックの みほん●

| せいろくかくけい
（きいろ） | だいけい
（あか） | ひしがた
（あお） | せいほうけい
（だいだいいろ） | せいさんかくけい
（みどり） | ほそいひしがた
（しろ） |

なまえ

したの かたちを つくりましょう。

ステップ5

1

2

3

4

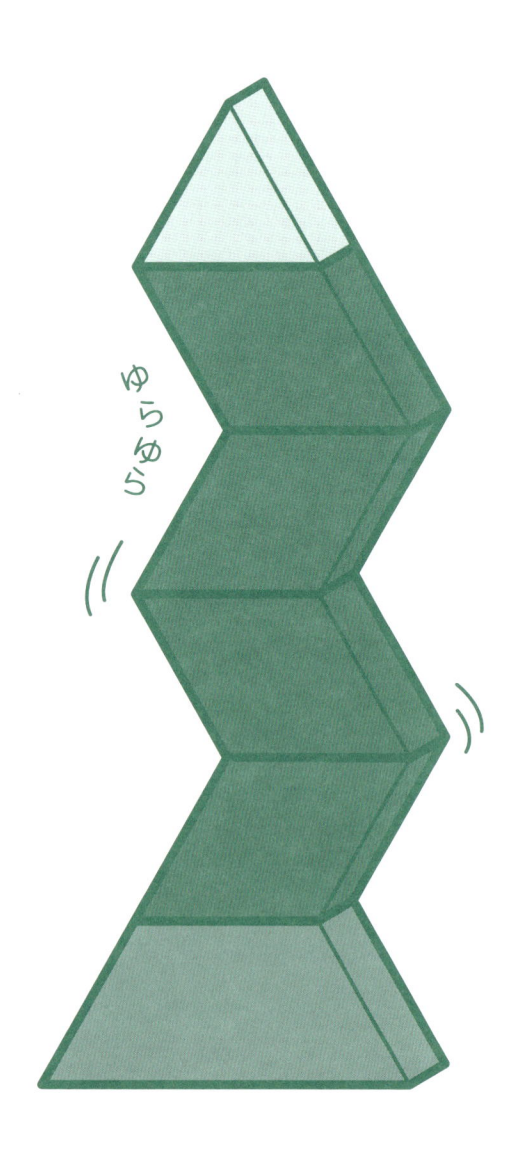

ゆらゆら

なまえ

したの かたちを つくりましょう。

ステップ5

1

2

3

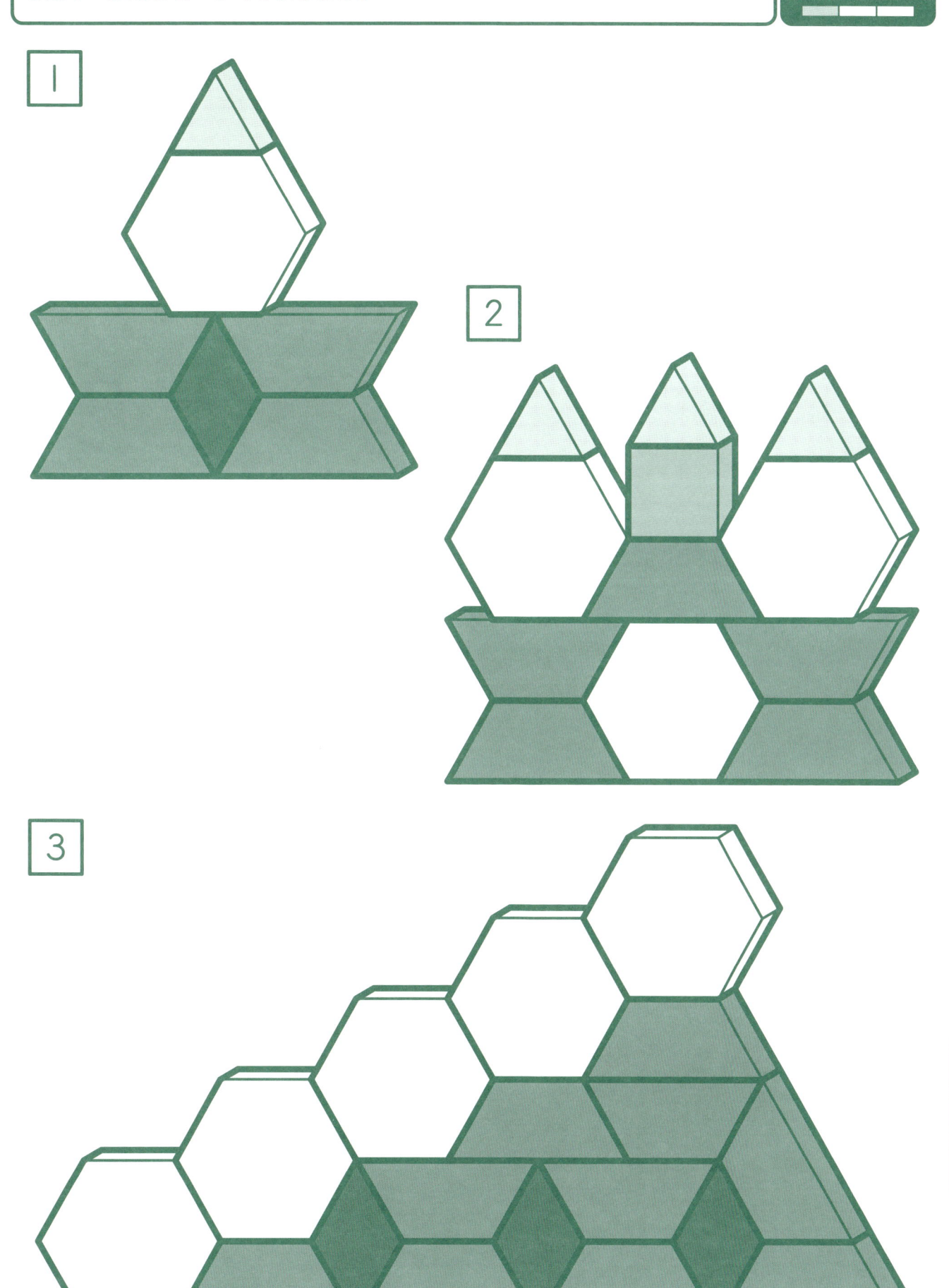

なまえ

したの かたちを つくりましょう。

ステップ5

1

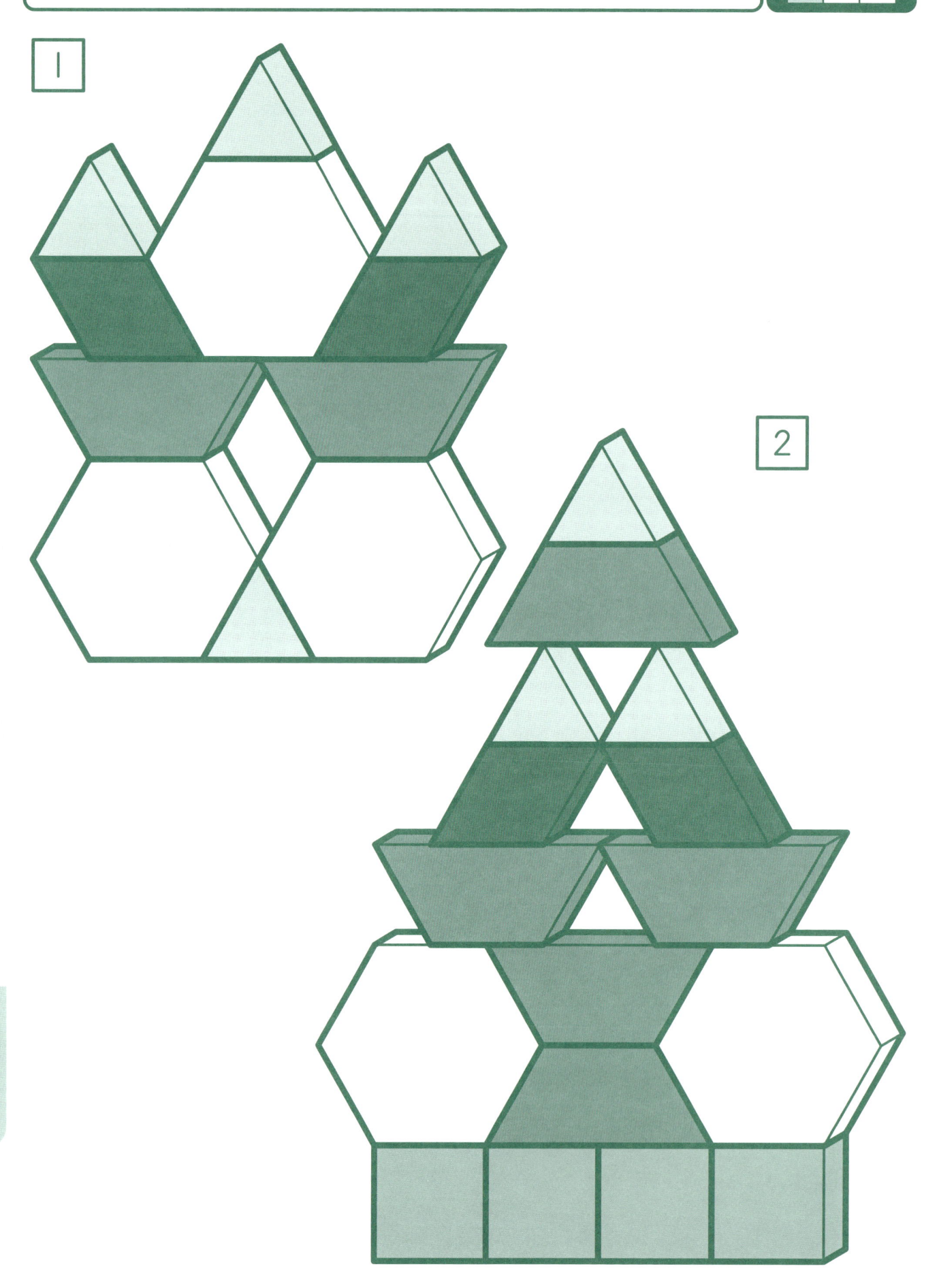

2

なまえ _____

したの どうぶつを つくりましょう。

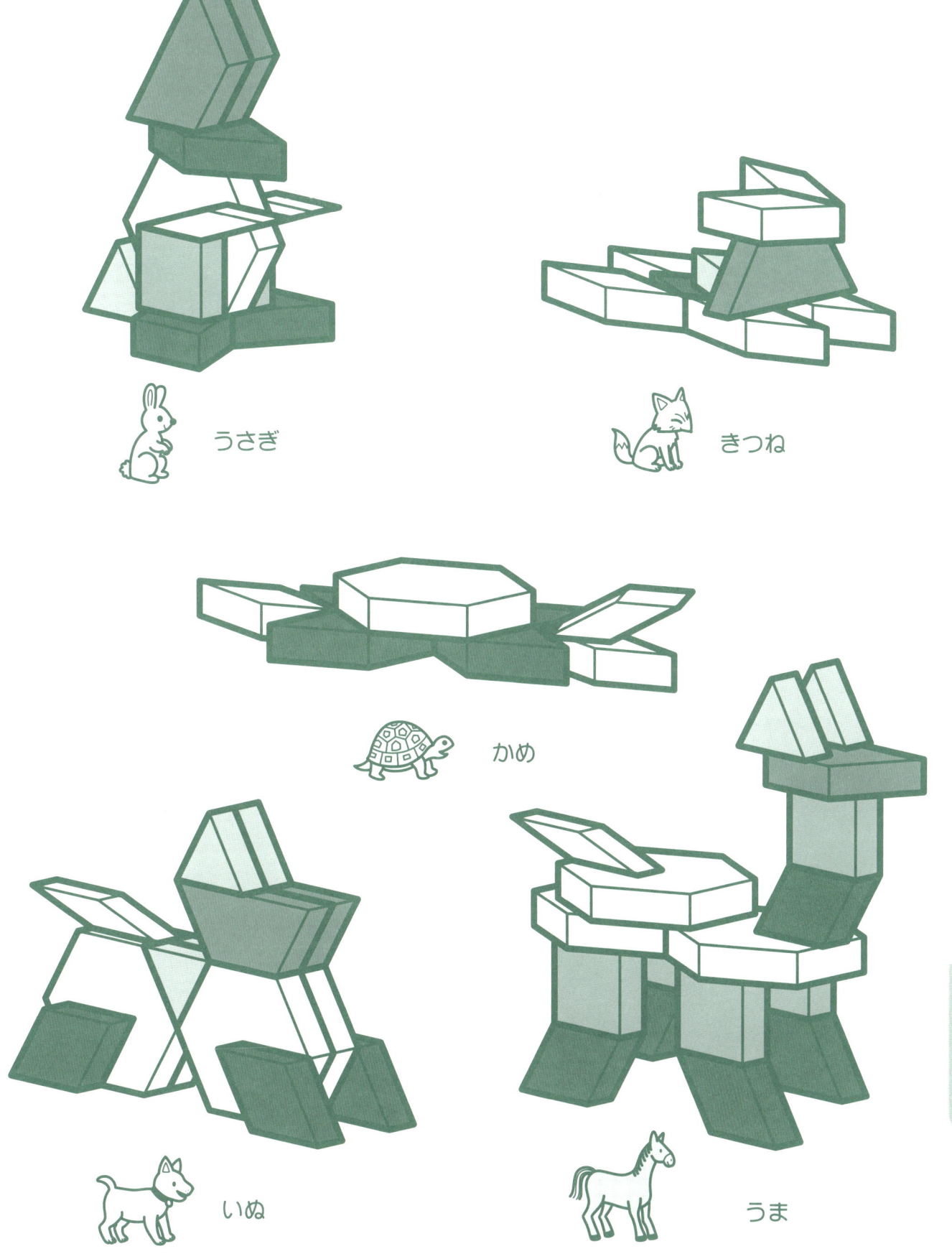

ステップ5

うさぎ

きつね

かめ

いぬ

うま

なまえ _____

したの　かたちを　つくりましょう。

ステップ5

ふね

さんりんしゃ

きょうりゅう

ひこうき

ステップ5

-64-

なまえ

ステップ5

したの かたちを つくりましょう。

1

2

3

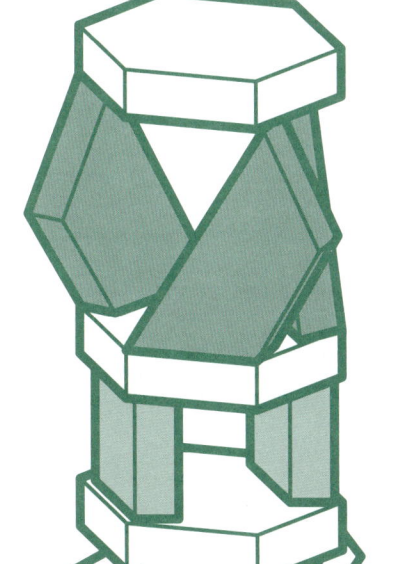

4

なまえ _____

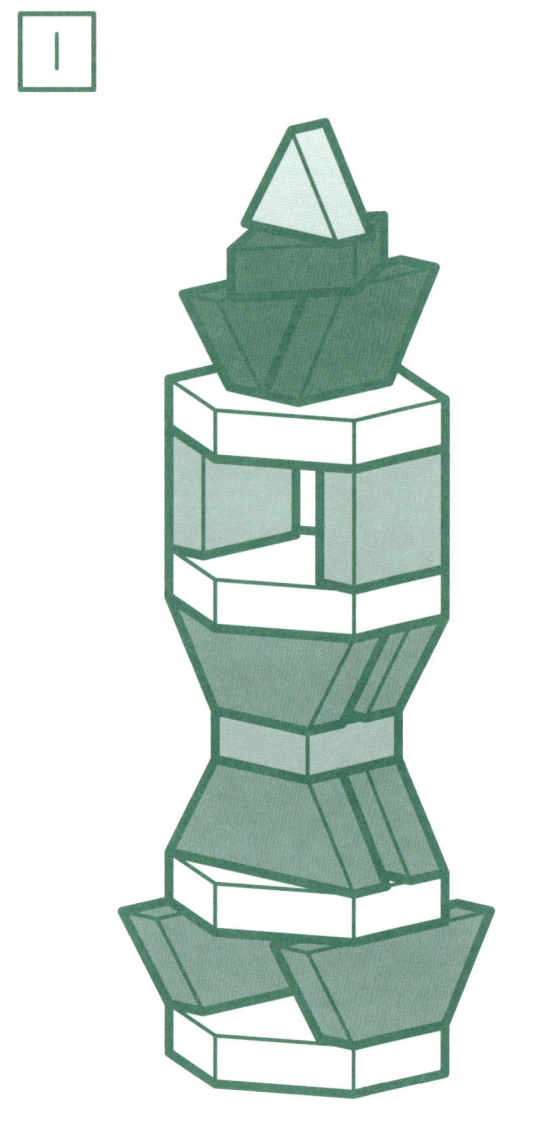

したの かたちを つくりましょう。

ステップ5

1

2

-66-

なまえ _____

3つの かたちの ちがう タワーを つくりましょう。

ステップ5

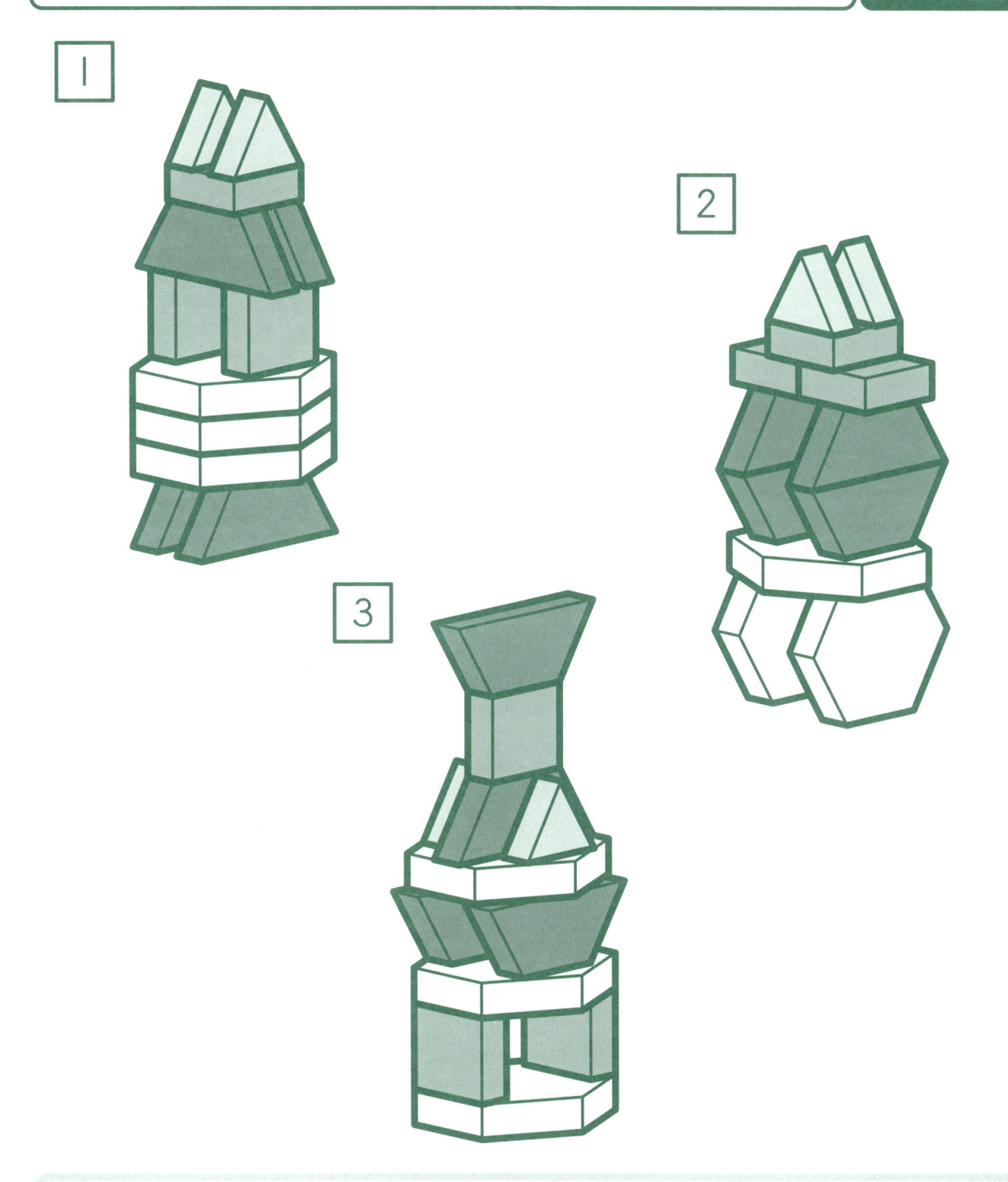

1

2

3

つかう ブロックの しゅるいと かず

△ 2　□ 3　◇ 0　◇ 0　⏢ 4　⬡ 3

なまえ

2つの かたちの ちがう タワーを つくりましょう。

ステップ5

1

2

つかう ブロックの しゅるいと かず

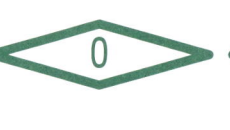

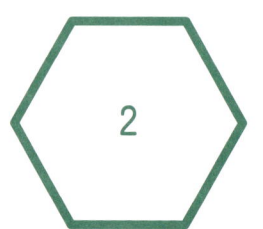

△ 5　□ 2　◇ 0　◊ 0　⏢ 4　⬡ 2

-68-

なまえ

2つの かたちの ちがう ゆらゆらタワーを つくりましょう。

ステップ5

1

2

つかう ブロックの しゅるいと かず

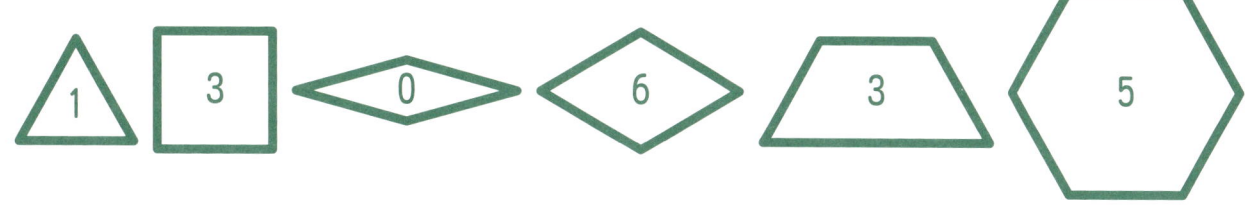

△ 1　□ 3　◇ 0　◆ 6　⬡ 3　⬢ 5

なまえ _____

2つの かたちの ちがう ゆらゆらタワーを つくりましょう。

ステップ5

1

2

つかう ブロックの しゅるいと かず

△ 6　□ 2　◇ 0　◆ 4　⬠ 6　⬡ 5

解答

解答ページには、解答 と 解答例 があります。

解答 は、正解となるブロックの置き方を示しました。

解答例 では、正解となる複数のブロックの置き方が

ある場合の1例を示しました。

ここに示したブロックの置き方以外でも、

ぴったり形の枠に合っていれば、もちろん正解です。

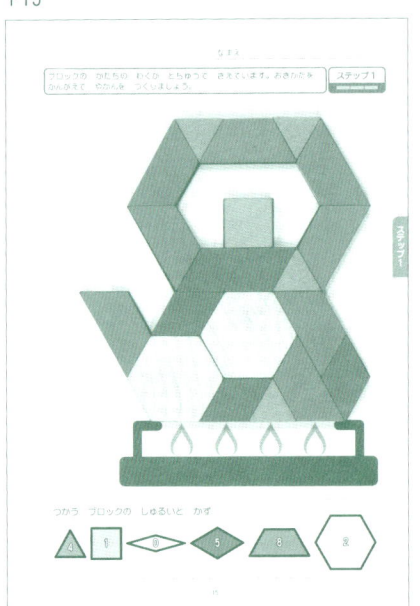

解答

ステップ1

P12　P13

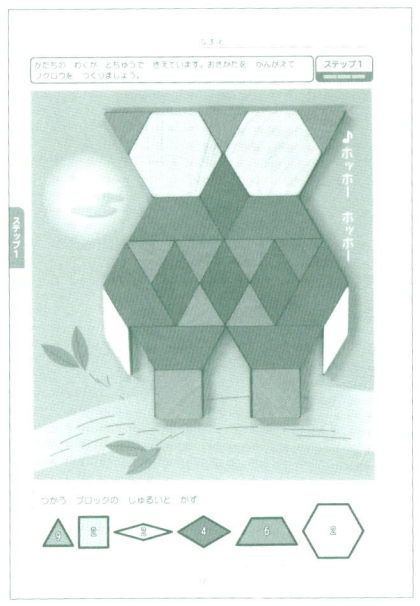

P14　P15　P16

解 答

ステップ2

P23

P24

P25

P26

P27

解 答

P28

P29

P30

P31

P32

P33

解答例

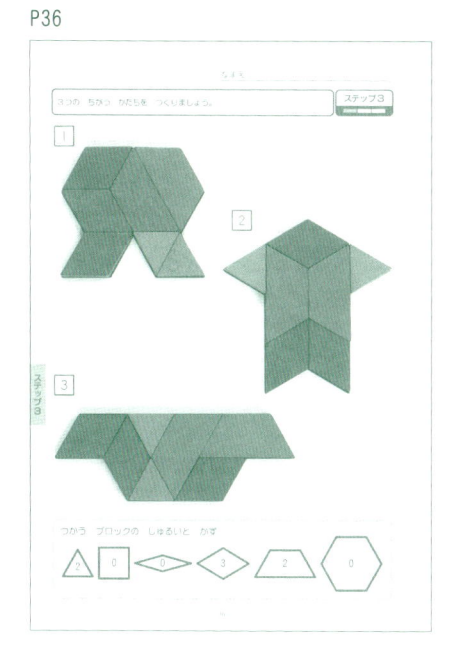

解 答

P34

P36

ステップ3

P37

P38

P39

-75-

解 答

P40

P41

P42

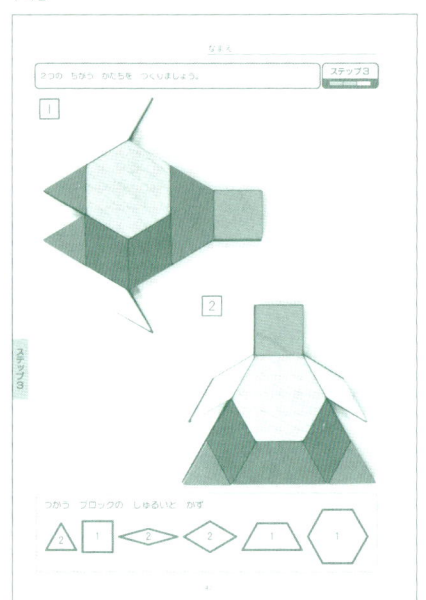

P43

P44

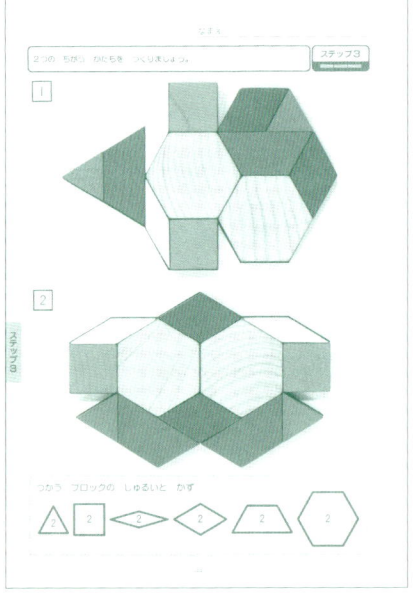

P45

解 答

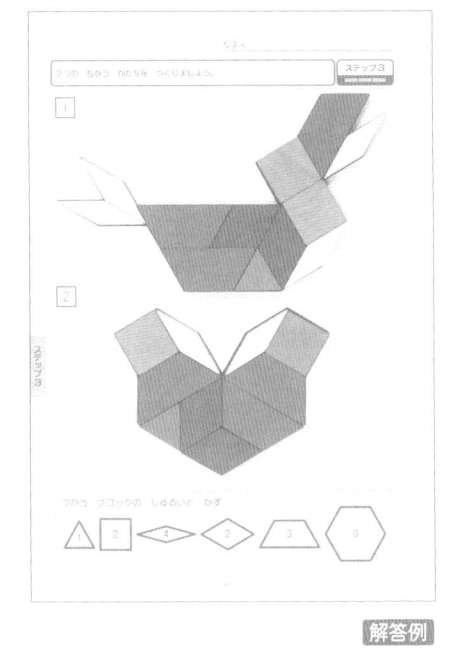

P46

P48

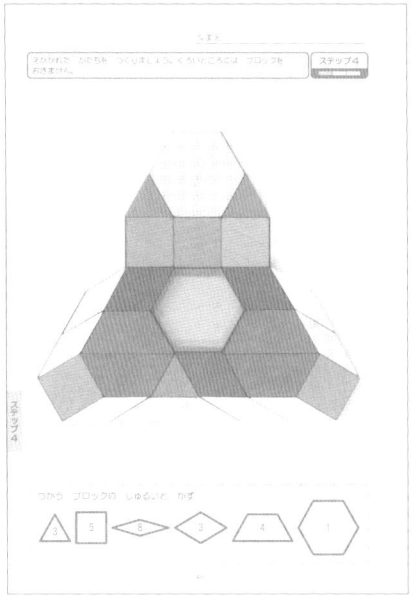

ステップ4

P49

P50

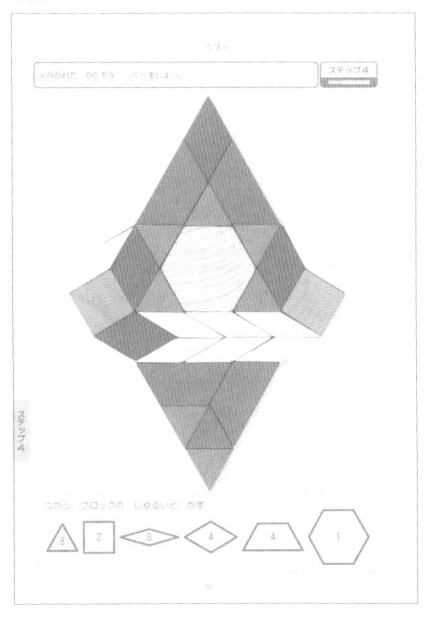

P51

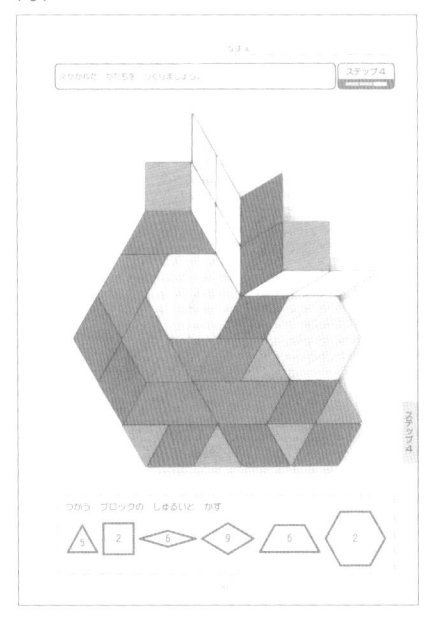

解 答

P52 解答例

P53 解答

P54 解答

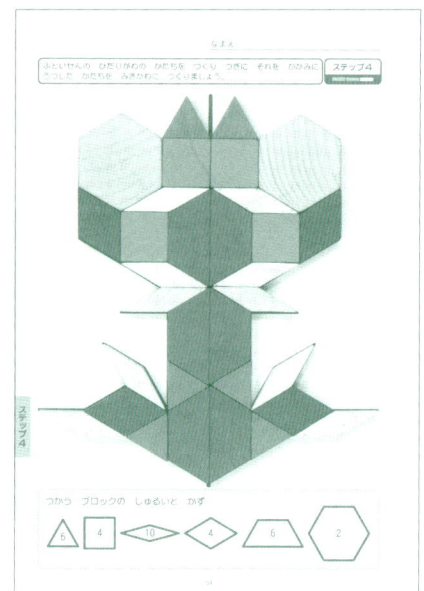

P55 解答

P56 解答

P57 解答

-78-

P58

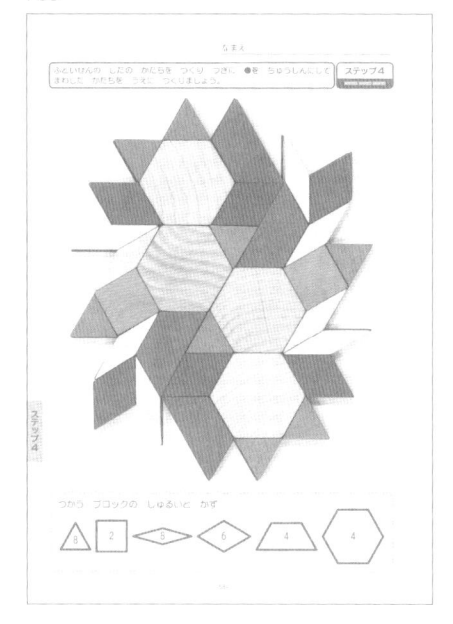

解答

**構成力をのばす
パターンブロックタスクカード**

平成24年 5月25日 初版第1刷
平成29年 8月 9日 初版第6刷

［著作者］理英会出版
　　　　　作問：井上晶子・川武當志乃
　　　　　本文デザイン・レイアウト：鶴田恭子
　　　　　監修：座間徳彦
［発行者］錦織圭之介
［発行所］株式会社東洋館出版社
　　　　　〒113-0021
　　　　　東京都文京区本駒込5-16-7
　　　　　営業部　TEL 03-3823-9206
　　　　　　　　　FAX 03-3823-9208
　　　　　編集部　TEL 03-3823-9207
　　　　　　　　　FAX 03-3823-9209
　　　　　振替　　00180-7-96823
　　　　　URL　　http://www.toyokan.co.jp

［表紙・カバーデザイン］
シブニデザイン株式会社

［印刷・製本］
藤原印刷株式会社

ISBN978-4-491-02816-3　Printed in Japan
［パターンブロック］は株式会社東洋館出版社の登録商標です。
登録第5509133号